Lothar Trolle:
Geschichtsunterricht. Texte 2,
herausgegeben von Jan Hein,
mit einem Nachwort von Barbara Honigmann

Gestaltung: Natasha Agapova

Erschienen im Verlag
Spector Books Verlagsgesellschaft mbH
Harkortstraße 10
04107 Leipzig
www.spectorbooks.com

Der Verlag dankt henschel SCHAUSPIEL Theaterverlag
Berlin für die freundliche Unterstützung.

Vertrieb
Deutschland, Österreich:
GVA, Gemeinsame Verlagsauslieferung
Göttingen GmbH&Co. KG,
www.gva-verlage.de
Schweiz:
AVA Verlagsauslieferung AG,
www.ava.ch

1. Auflage
Printed in Germany
ISBN 978-3-95905-814-8

LOTHAR TROLLE

GESCHICHTSUNTERRICHT
TEXTE 2

HERAUSGEGEBEN
VON JAN HEIN
MIT EINEM NACHWORT
VON BARBARA HONIGMANN

GESCHICHTSUNTERRICHT

1

CHOR: „Soll sie doch Scheiße fressen!", das war die Antwort, die die Schloßherrin von C… (eines Renaissanceschloß des späten 15. Jahrhunderts mit noch intakter Burgmauer, Burggraben, Laubengängen, über der Schloßbrücke ein Wachturm usw.) einer Armen, die an das Schloßtor geklopft und um etwas Eßbares gebettelt hatte, überbringen ließ. Und so mußte die Arme unversorgt sich auf den Rückweg machen, durch die Tannen vorbei an den überdachten Rastplätzen den Hohlweg abwärts. Doch als an diesem Tag im Schloß die Herrschaften sich an den Mittagstisch setzten und sich das Essen auftragen ließen, hatten sie noch keinen Bissen heruntergeschluckt, als sich in ihren Mündern das Essen verwandelt hatte in Scheiße…

2

CHOR: das Gut A… wurde einmal bewirtschaftet von einem Günther von A…, dessen größtes Vergnügen darin bestand, gerade dann, wenn es am Unpassendsten war (also abends nach sechs, wenn man schon Feierabend hatte oder Montagfrüh nach fünf, wenn alles noch schlief oder Mittwoch nachmittags, wenn (zum einzigen Mal in der Woche) ein Bus vom Dorf in die Stadt fuhr, man also in der Stadt Dringlichkeiten erledigen konnte), die Bauern des Dorfes zum Frondienst zusammen zu läuten. Und als dieser Günther nun wieder einmal (als sich an einem Dienstagnachmittag im Juni ein Gewitter zusammenbraute, bei dessen Näherkommen jeder sehen und hören konnte, es ist besser, man sucht den nächsten Unterstand auf oder versucht, nach Hause zu kommen), auf den Kirchturm des Dorfes stieg und anfing, seine Bauern zusammen zu läuten (die Inline-Skater Trasse, die am Dorf vorbeiführte, sollte ausgebessert werden, die Reste der (romanischen) Gutshofmauer restauriert werden), schlug, kaum daß Günther an der Glocke gezogen hatte, oben im Kirchturm ein Blitz ein und verschmolz Glocke und Günther zu einem einzigen unförmigen Klumpen. Und dieser Klumpen steht noch heute an der Mauer des Spritzenhauses, doch keiner im Dorf weiß mehr so richtig, um was es sich dabei eigentlich handelt…

3

CHOR: die Mühle von D…wurde irgendwann einmal betrieben von einem Ehepaar, dessen Frau dafür bekannt war, daß sie jeden, der als Bettler an ihre Tür klopfte, unversorgt wegschickte. Und um sicher zu sein, daß der oder die andere, den (die) sie am Tor gehörig angeblöfft hatte, auch tatsächlich seines (ihres) Weges zieht, stieg sie nach solchen Vorfällen auf den Dachboden der Mühle, hob dort einen Dachziegel an und kuckte nun von dort oben zu, wie der (die) andere zunächst den Weg von der Mühle zur Chaussee ging, dann, wenn er (sie) die Chaussee erreicht hatte, rechts oder links weiterging, und kam erst dann wieder vom Dachboden nach unten, wenn sie gesehen hatte, wie der (die) andere schließlich dort, wo die Chaussee eine Kurve machte, hinter Pflaumenbäumen verschwunden war. Doch diese Angewohnheit, auf den Dachboden zu gehen, dort einen Dachziegel anzuheben und sich umzukucken, ob sie auch vor Bettlern und dergleichen sicher ist, behielt sie auch bei, als sie schon längst auf dem Friedhof lag, man ihr Grab schon längst abgeräumt und für eine nächste Bestattung freigegeben hatte und darum würde auch noch heute hin und wieder selbst in stillsten Sommernächten vom Dach der Mühle ein Dachziegel rutschen…

4

CHOR: die Ackerbürgerstadt S. litt einmal unter einem Bürgermeister (er hieß Straßer), der die Ackerbürger (und auch andere) damit schikanierte, daß er sich abends in Toreinfahrten stellte und jeden, der da auf dem Gehweg vorbeiging, zur Rede stellte, warum der, auch wenn es nun inzwischen dunkel wäre, nicht auf den Feldern bei der Arbeit sei, da draußen gäbe es doch genug zu tun usw., und er würde ihnen das Arbeiten schon beibringen. Und so war in der Stadt bestimmt jeder erleichtert, als dieser Bürgermeister endlich gestorben war, doch bereits bei seinem Begräbnis fiel auf, daß der Sarg, in dem er lag, so schwer war, daß ihn die sechs Sargträger kaum bewältigen konnten und als man dann nach dem Begräbnis zum Leichenschmaus zurück ins Trauerhaus gehen wollte, kuckte aus einem der Fenster des oberen Stockwerks der soeben Begrabene und schnitt dabei so schreckliche Grimassen, daß unten vor dem Haus die Trauergemeinde kreischend auseinander lief und das Haus, obwohl Erben da sind, hat seitdem keiner mehr betreten, doch hört man nachts immer öfter in der Ruine die Stimme des früheren Bürgermeisters, der sich darüber beschwert, daß kein Mensch etwas dagegen unternimmt, daß es nun schon seit Wochen durchs Dach des Hauses regnet, daß im oberen Stockwerk im Schlafzimmer die Decke bereits heruntergekommen ist, er sich kaum noch getraut, die Treppe zu benutzen, weil es im Haus überall von Ratten wimmelt...

TROJA

noch vor einem halben Jahr, / hätte an einem Dienstagvormittag hier auf diesem Platz, / auf dem sie jetzt stehen, / und von dem aus man auf kürzestem Weg zum Hafen kommt, / Gemüsemarkt stattgefunden, („Lecker Tomaten, Zucchini, Melonen ... !") / und die Tür der zentralen Zimmervermittlung hätte offengestanden, / und aus der offenen Tür wäre hin und wieder / ein Tourist getreten mit einem Meldeformular in den Händen, aber jetzt, aber jetzt ... / leer und still ist der Platz, / und wer da drüben (unterm Arm das Kurzschwert) vor NETTO um die Ecke gerannt kommt, / da drüben über die Betonklötze springt, / die man aufgestellt hat, / um den Hafen freizuhalten vom Fernverkehr / und da drüben hinter dem Vorbau von INTERCONTI verschwindet, / war kein anderer als HEKTOR, / aber da kommt ja auch schon (ebenfalls unterm Arm ein Kurzschwert) / aus der HERKULESGASSE ACHILLES, / prescht (vorbei an dem Zeitungskiosk, / dessen Fenster eingeschlagen und dessen Dach lose herunter hängt), / über den leeren Gemüsemarkt / springt über die Betonklötze da am Ende der Straße / und verschwindet nun ebenfalls Richtung Hafen, / es ist also noch gar nichts entschieden, / alles ist noch im Gang, / es ist noch nichts entschieden ...

JUDITH

DA IST ARPHARAD (König der Ma-dai) der baut eine Stadt Ekbatana (das heißt Zusammenkunft) mit Mauern siebzig Ellen hoch siebzig Ellen das sind hundertvierzig Spannen hundertvierzig Spannen das sind vierhundertzwanzig Handbreiten vierhundertzwanzig Handbreiten sind tausendsechshundertachtzig Finger und mit Türmen hundert Ellen hoch hundert Ellen das sind zweihundert Spannen zweihundert Spannen das sind sechshundert Handbreiten sechshundert Handbreiten das sind zweitausendvierhundert Finger und auf allen Seiten zwanzig Ellen dick zwanzig Ellen das sind vierzig Spannen das sind hundertzwanzig Handbreiten das sind vierhundertachtzig Finger und die Tore der Stadt macht er hoch wie ihre Türme gegen Arpharad auf aber steht im zwölften Jahr seines Königtums der Assyrer Nabu-kudurriusur (Nabu-kudurriusur das heißt Nabu-schütze-meine-Grenze) und ihm helfen die von beiden Ufern des Euphrat und die aus der Ebene nördlich des Tigris und die aus den Tälern des Kaschmir und in der Ebene bei Ragau (in einer Schlacht) bringt Nabu-schütze-meine-Grenze Arpharad unter sich nun noch mächtiger geworden sendet Nabu-schütze-meine-Grenze damit auch die sich ihm unterwerfen Botschaften an die in Cilicien siedeln an die in Damaskus und an die auf dem Libanon und auch zu denen in Galiläa und denen in der großen Ebene Esdrelom und zu denen in Samaria und zu denen westlich des Jordan bis zu denen an der Grenze Afrika sie alle aber halten seine Botschaft für unbedeutend und lassen seine Boten unbeschenkt wieder davonziehen da fordert (sie hätten sich ihm nun zur Verfügung zu stellen) Nabu-schütze-meine-Grenze seine Räte Fürsten Hauptleute (WIE DIE WOHL DENKEN WIE BRÄCHTE ER AUCH DIESE LÄNDER IN SEINEN BESITZ) und seine Räte Fürsten und Hauptleute ( ) ( ) Da fordert Nabu-schütze-meine-Grenze (daß der sich ihm nun zur Verfügung stelle) seinen

Feldhauptmann Holofernes (DASS DER (HOLOFERNES) DA AUSZIEHE WIDER DIESE REICHE DIE DA WESTWÄRTS LÄGEN UND SONDERLICH GEGEN JENE DIE DA MEINTEN … KEIN REICH SOLLE BESTEHEN BLEIBEN UND AUCH KEINE VON IHREN STÄDTEN …) Da fordert Holofernes seinerseits ( ) (sie haben sich nun ihm zur Verfügung zu stellen) die Hauptleute und Obersten des assyrischen Kriegsvolks und rüstet (was ihm da Nabu-schütze-meine-Grenze zur Verfügung stellt (und das sind hundertzwanzigtausend Mann Fußvolk dazu Zwölftausend die Pfeile abschießen können) aus Krieg zu führen und läßt sie alle (die Reiter die Bogenschützen mit ihren Wagen ihren unzähligen Kamelen Ochsen Schafen (Getreide wird aus Syrien geliefert) (und all dem Geld und Gold das ihm Nabubeschütze-meine Grenze aus seiner Schatzkammer überlassen hatte) vor sich herziehen über die Grenze hin zum Angegebirge im westlichen Cilicien und dort fallen sie über die Dörfer her UND BEDECKEN DIE ERDE WIE EIN SCHWARM HEUSCHRECKEN und fallen über das bis dahin so oft besungene Melothi her und über die die da südlich von Chellon wohnen und kommen bis zum Euphrat kommen an sein Ufer gegenüber und erreichen Mesopotamien erreichen den Bach Mambre und fallen über die dortigen Städte her bis hin zur Küste und bald ist alles von Cilicien bis dort wo Japeth anfängt Eigentum von ( ) Und nimmt sich von den Midianietern die Kinder und alles was er dort in der Wüste von Paran sich nehmen kann und zieht zur Erntezeit weiter nach Damaskus und läßt dort alles Getreide verbrennen die Weinberge und Wälder abholzen … da lassen die Könige und Stammesfürsten Libyens des Ostjordanlandes der syrischen Hochebene (und die die es ebenfalls betrifft) über Emissäre ihrer Städte Holofernes ( ) ( ) Botschaften überbringen (OB ER DAS

WAS ER GEGEN SIE HAT VON IHNEN NICHT WEGNEHMEN KÖNNE / EHE MAN UMKÄME UND NICHTS GEWÄNNE HALTE MAN ES FÜR BESSER SICH NABU-BESCHÜTZE-MEINE-GRENZE ZU UNTERWERFEN LEBENDIG ZU BLEIBEN UND SICH IHM ZUR VERFÜGUNG ZU STELLEN (ER SOLLE ALSO NICHT NUR IHRE STÄDTE SICH NEHMEN NICHT NUR DAS WAS SIE HÄTTEN ER SOLLE AUCH IHRE BERGE IHRE HÜGEL IHRE FLÜSSE IHRE ÄCKER IHRE OCHSEN SCHAFE ZIEGEN PFERDE KAMELE SICH NEHMEN UND IHRE FRAUEN IHRE KINDER ER SOLLE ZU IHNEN KOMMEN ALS IHR GNÄDIGER HERR UND SIE ZU SEINEM NUTZEN GEBRAUCHEN …) ( ) ( ) Holofernes aber verläßt seine Stellungen im Gebirge und fällt über die Städte (und die Länder) her die er bis jetzt verschont hatte (die noch nicht in seinem Besitz sind (?)) (und findet er unter ihnen einen brauchbaren Mann nimmt er ihn mit sich) und da ist keiner im Land der nicht ( ) ( ) … DIE DIE IN DEN STÄDTEN DAS SAGEN HABEN UND DIE ETWAS BESSER GESTELLTEN ZIEHEN HOLOFERNES MIT KRÄNZEN BLUMEN KERZEN FLÖTEN PAUKEN ENTGEGEN … ABER HOLOFERNES NIMMT WEITERHIN IHREN STÄDTEN DEN STOLZ HOLZT IHRE HAINE AB (UND ZIEHT WEITER INS LAND GABAA UND BLEIBT DORT DREISSIG TAGE UND (NUN HÄTTEN SIE (DIE DA HERUMGESTREUNT WÄREN) WIEDER DA ZU SEIN (SEINE LEUTE) (TRIFFT NUN VORBEREITUNGEN) ( ) ( ) UND ALS DIE DIE DAS LAND JUDA BEWOHNEN NUN DAVON HÖREN DASS HOLOFERNES …) da (AUF DASS ER MIT IHREM TEMPEL IHRER STADT JERUSALEM DAS TUE WAS ER ANDERSWO SCHON GETAN HAT …) versuchen sie Verbindung aufzunehmen zu denen im Samariatal und machen aus ihren Bergen das was man aus Bergen machen kann (richten auf deren Höhen Beobachtungsposten ein / ummauern (erstmalig (?) ihre Städte / UND WAS IST WENN ER SIE DOCH BELAGERE WAS MUSS DA ALLES VORHANDEN SEIN … (legen Kriegsvorräte an) / und ahnen langsam was da auf sie zukommt (ER KANN SOWOHL VON … ALS AUCH AUS RICHTUNG … KOMMEN ALSO MUSS MAN …) und verbarrikadieren ihre Zufahrtsstraßen UND IHRE PRIESTER LEGEN IHRE SCHREIKLEIDER AN UND IHRE KINDER BELAGERN DIE TEMPEL (UND ALLES SCHREIT: (AUF DASS SIE NIE … AUF DASS SIE NIE … (UNSERE FRAUEN UND KINDER WEGFÜHREN INS UNGEWISSE / UND UNSERE MÄNNER NIE …)) UND MAN BRENNT FEUER AB (IN DENEN MAN (WEM ZU EHREN) TIERE VERBRENNT) UND IN IHREN SCHREIKLEIDERN DIE PRIESTER STREUEN SICH DIE ANFALLENDE ASCHE AUF DIE HÄUPTER … HOLOFERNES ABER (als er in den Bergen über den Städten die Rauchsäulen aufsteigen sieht (zu seinen Beratern) (WAS SIND DAS DA OBEN FÜR / WELCHE / WARUM KOMMEN DIE NICHT WIE DIE ANDEREN UNS MIT MUSIK UND ETC. ENTGEGEN / WEISS MAN WIE IHRE STÄDTE BESCHAFFEN SIND! WAS HABEN WIR VON DENEN ZU ERWARTEN …) (SIE KOMMEN EIGENTLICH AUS CHALDÄA / TAUCHEN ABER DANN IN MESOPOTAMIEN AUF / ABER DANN ES SOLL DAFÜR GRÜNDE GEGEBEN HABEN HÄTTEN SIE VERSUCHT IN KANAAN ZU SIEDELN DA SIE ABER DORT SCHWIERIGE ZEITEN HÄTTEN ÜBERSTEHEN MÜSSEN TAUCHEN SIE DANN BALD IN ÄGYPTEN AUF VIERHUNDERT JAHRE UND MAN

HÄTTE ES (DORT IN ÄGYPTEN) MIT EINEM VOLK ZU TUN GEHABT DAS MAN NUN NICHT MEHR AUF DEN ERSTEN BLICK ÜBERSEHEN KONNTE / ABER DANN: „DASS WIR NUN SCHON WIEDER UND DAS NACH DIESEM SOMMER DER UNS BESTIMMT NOCH LANGE IN DEN HIRNEN STECKEN WIRD MIT EINER ÜBERSCHWEMMUNG ZU TUN HABEN UND ES NICHT AUFHÖRT DASS BEI UNS DA UND DORT UND DA UND DA MASSENHAFT KREPIERT WIRD KANN DOCH NUR VON DENEN KOMMEN DIE SICH RÄCHEN DASS WIR VON IHNEN SKLAVENARBEIT VERLANGEN / DIE SOLLEN ABHAUEN! DIE JUDEN SOLLEN ABHAUEN …!" / UND DANN WURDE IHR WEGGEHEN AUS ÄGYPTEN DOCH NOCH ZU EINER FLUCHT DIE NÖRDLICH VON SUEZ AN EINEM SANDSTRAND DES ROTEN MEERS ENDET MAN HÄTTE SICH ALSO DOCH WEITER NÖRDLICH HALTEN SOLLEN WIE NUN WEITER! WIR WOLLEN NACH DRÜBEN ÜBERS WASSER! NACH MARAH! NACH ELIM! IN DIE WÜSTE BEIM SINAI! BZW …! UND DA IST AUCH SCHON DIE STAUBWOLKE ZU SEHEN DIE ANKÜNDIGT: DIE ÄGYPTER! DIE ÄGYPER KOMMEN! (UND DENEN WIRD SCHON EINFALLEN WIE SIE MIT UNS VERFAHREN WERDEN (IN … HAT MAN EINFACH LINKS RECHTS UND HINTEN MASCHEINGEWEHRE AUFGEBAUT UND DANN …) UND NUN HÖRT MAN NUR NOCH DIE STILLE DIE MAN HÖRT STEHEN HUNDERTE TAUSENDE VOR EINER KÜSTE ABER KEINER VON IHNEN KUCKT NACH DRAUSSEN AUFS MEER ALLE KUCKEN HINTER SICH NACH DORT WO WELCHE KOMMEN VON DENEN SIE NICHTS GUTES ZU ERWARTEN HABEN DIE IMMER

NÄHER KOMMEN … ABER DA (EIN RUF!) UND DANN NOCH EIN RUF UND DANN NOCH EINER UND DANN WIRD (UND DAS HÖRT SICH NUN SCHON GANZ ANDERS AN ALS DIE RUFE DIE MAN VORHER HÖREN KONNTE) ABER DA WIRD ES AUCH SCHON GESEHEN VOR IHNEN IM MEER HAT SICH EINE GASSE GEBILDET EINE SCHMALE GASSE DIE ABER BREIT GENUG IST DASS MAN BEQUEM IN VIERERREIHEN DURCH SIE HINDURCH GEHEN KANN UND DIESE GASSE WIRD NICHT GEBILDET VON HÄUSERN AN DENEN SIE VORBEIFÜHRT SONDERN VON ZWEI LANGEN LANGEN MAUERN BEI DENEN KEIN ENDE ZU SEHEN IST UND DIESE MAUERN LADEN SIE EIN KOMMT KOMMT ES GEHT WEITER IHR WOLLT DOCH NACH DRÜBEN ANS ANDERE UFER NACH KADESH NACH ELATH DEN BADESTRÄNDEN VON TABA DER SHOPPING-MEILE VON … ALSO LOS ALSO LOS HABT KEINE ANGST SIND WIR AUCH AUS WASSER AUS GRAUEM BLAUEM MEERWASSER WIR STEHEN TROTZDEM FEST KUCKT DOCH HIN KEINE EINZIGE PFÜTZE LIEGT IN EURER GASSE NACH ALSO LOS ALSO LOS AUF WAS WARTET IHR … ABER ERST ALS SIE NACH DIESEN … STUNDEN FUSSMARSCH DRÜBEN AM ANDEREN UFER UND NUN ZUM ZWEITN MAL AN EINEM SANDSTRAND ANKOMMEN UND SICH ENDLICH WIEDER IM FREIEN UMDREHEN UND VOR SICH NUN WIEDER MEER SEHEN DA AHNEN SIE WAS DA … NUN WIEDER PASSIERT WAR (Von ihm der sich (seit wann eigentlich) die Freiheit nimmt nur von dem Gras zu fressen das dort wächst wo man auf einer Kuhweide Mauerreste sehen (KANN SCHON SEIN DASS HIER EINMAL GEBE-

TET WURDE DASS HIER ÜBER DIE THORA GESTRITTEN WURDE BLUT WIRD SCHON GEFLOSSEN SEIN) KEIN WUNDER DASS IHM DA HÖRNER WACHSEN DIE MIT JEDEM TAG LÄNGER WERDEN ergreift in dieser Nacht (da das Städtchen schläft aus der Betstube der Schmerz des Psalms „An den Ufern Babylons" zu hören ist) die Sehnsucht Besitz so daß er nicht anders kann als sich auf seine Hinterhufe zu stellen und seine Hörner lang zu machen lang lang und nun noch länger bis er von seinen Hörnern die Spitze einhacken kann in den unteren Rand der Mondscheibe so daß er der heute wieder einmal Vollmond ist nicht weiter kann dort oben auf seiner Himmelsbahn verharren muß und sich aus dem Mund eines Ziegenbocks die Fragen anhören muß Mond Mond was hört ihr bei euch dort oben ist es Zeit daß er endlich kommt unser Messias! Aber da schüttelt der Mond nur hilflos seinen Kopf und wendet sich weiter nach oben an die Sterne „Habt ihr gehört hier wird gefragt ob der Messias endlich kommt aber da fangen die Sterne nur an zu zittern hören auf zu singen und auch sie verharren nun auf ihrer Bahn aber unser Ziegenbock wäre nicht unser Ziegenbock wäre er einverstanden mit dieser Totenstille unser Ziegenbock nutzt die Gelegenheit daß die Sterne so erstarrt sind und fährt seine Hörner noch weiter aus bis zu ihrer äußersten Länge bis sie bis oben zur Milchstraße reichen denn die Milchstraße ist ja bekanntlich keine Straße wie irgendeine auf der Busse unterwegs sind Radfahrer Taxis die Milchstraße von der hier die Rede ist ist eine Ansammlung von vielen Feldern die besät sind mit Perlen und Edelsteinen kostbaren Edelsteinen die alle einmal im Paradies die Kronen der Gerechten schmücken sollen und wenn schon der Messias noch immer auf sich warten läßt denkt da unser Ziegenbock dann sorge ich für eine kleinere Freude und hacke aus den Feldern der

Milchstraße einen Edelstein und noch einen Edelstein und noch einen Edelstein und noch einen Edelstein und die fallen dann nachts Punkt zwölf auf den Marktplatz des Städtchens und zersplittern dann in tausend Splitter und geht dann jemand Punkt zwölf oder später über den Marktplatz sieht er es überall funkeln funkeln funkeln und er muß nur noch … muß nur noch … muß nur noch … Und ER (auf seinem Weg nach) (DIE STADT LIEGT MITTEN IM FLACHLAND (KEIN BERG KEIN WALD KEIN FLUSS) UND LÄUFT IN DER EBENE AUS / SIE FÄNGT MIT KLEINEN HÜTTEN AN / (UND HÖRT MIT KLEINEN HÜTTEN AUF) / WO DIE HÜTTEN ABGELÖST WERDEN VON HÄUSERN / BEGINNT DIE STRASSE / AN DEREN ÄUSSERSTEM ENDE LIEGT DER BAHNHOF / HIER KOMMT EINMAL AM TAG EIN PERSONENZUG / UND EINMAL AM TAG FÄHRT EIN PERSONENZUG AB / TROTZDEM HABEN VIELE LEUTE DEN GANZEN TAG AM BAHNHOF ZU TUN … / WIR RITTEN DEM SONNENUNTERGANG ENTGEGEN / DER SCHÜTTETE / SIEDENDE STRÖME / ÜBER DIE BUNTBESTICKTEN TÜCHER DER FELDER / VOR UNS DIE EBENE EIN KATZENRÜCKEN / BEDECKT MIT DEM SCHIMMERNDEN FELL DES GETREIDES …) entschließt sich nun doch (auch diesmal ist der große BAAL-SCHEM zu Fuß unterwegs und es fängt schon an dunkel zu werden) da vorn in dem Hotel nachzufragen („Sie haben doch bestimmt …“) und dann erweist sich der Mann der da an der Rezeption seine Anmeldung perfekt macht (seine Personalien notiert ihm den Zimmerschlüssel überreicht ihm erklärt in welchem Stockwerk er dieses Zimmer findet (es ist wie sich dabei herausstellt der Betreiber des Hotels) als einer seiner glühendsten Verehrer („Rabbi Rabbi wenn Sie wüßten was es für mich bedeutet Rabbi

Baal-Schem in meinem Hotel nein nein Sie sind selbstverständlich eingeladen und ...“) so fragt er ihn am Morgen beim Verabschieden „Und hast Du irgendein Anliegen zur Zeit kann ich einiges erwirken! – „Nein Nein Rabbi wenn ich einen Wunsch habe dann ... dann ... daß ich auch weiterhin gesund bleibe“ – „Da du keinen hast habe ich einen ich soll diesen Brief beim Gemeindevorsteher von Brody abgeben aber ich bin mir nicht mehr sicher ob ich überhaupt nach Brody komme aber du kommst doch bestimmt in nächster Zeit dorthin dann bitte ...“ – „Ja Rabbi gerne gerne“ und der Hotelier verstaute den Brief den ihm Baal-Schem übergeben hatte in der Brusttasche seines Jacketts aber da seine Frau ihrem Mann noch an demselben Tag ein neues Jackett kaufte ein englisches Jackett aus englischer Wolle und gefüttert mit englischer Seide dessen Ärmel sich bestimmt nicht so schnell abnutzen hing bereits am nächsten Tag das Jackett mit dem Brief des Baal-Schem dort wo schon viele Jacketts Hosen Mäntel des Hoteliers hingen die er alle schon lange nicht mehr getragen hatte und auch der Brief des BAAL-SCHEM ... So vergeht eine Woche zwei Wochen ein Monat ein Jahr siebzehn Jahre Baal-Schem ist inzwischen schon längst eingegangen ins Paradies doch der Hotelier erlebt schlimme Zeiten auf Grund des Fortbleibens von Gästen mußte er bald seinen Gaststättenbetrieb einstellen betreibt sein Hotel bald nur noch als Hotel garni und dann eröffnet man auch noch in Sichtweite seines Hotels ein INTERCONTINENTAL und so heißt es bald KÄUFER BITTE MELDEN UNTER HANDYNUMMER und auch das englische Jackett ... also muß er nun doch wieder auf das Jackett zurück kommen das nun schon seit wieviel Jahren ungenutzt in seinem Kleiderschrank hing „Jetzt weiß ich“ ruft er aus als er bei dieser Gelegenheit in die Brusttasche seines Jacketts greift und den Brief von Baal-Schem zutage fördert „warum ich dem

Ruin nicht entgehen konnte Baal-Schem hatte mich um etwas gebeten und ich habe seinen Wunsch mißachtet!" Und so macht er sich noch an demselben Tag auf den Weg den Brief des Rabbi bei der Adresse abzugeben die er etwas mühsam auf dem Briefumschlag entziffert „Können Sie mir sagen" fragt er als er nach zwei Tagen Fußmarsch auch er legt den Weg natürlich zu Fuß zurück auf dem Marktplatz von Brody ankam die Verkäuferin des dortigen Zeitungskiosk „wo ich hier einen Herrn… finde er war der Gemeindevorsteher von Brody oder ist es immer noch" aber auch der Polizist der an diesem Nachmittag auf dem Marktplatz Streife geht zuckt nur die Achseln: „Hier in Brody gab es noch nie einen Gemeindevorsteher mit dem Namen…" doch die Verkäuferin des Schuhsalons hat eine Idee: „Schnell schnell laufen Sie! Drüben im Gemeindehaus hat man gerade einen neuen Gemeindevorsteher gewählt vielleicht wissen die Leute die gerade aus dem Gemeindehaus kommen ob wir in Brody schon einmal einen Gemeindevorsteher hatten namens Baal-Schem und wo der jetzt wohnt!" – „Guten Tag ich suche einen Herrn… er war hier in Brody der Gemeindevorsteher und ich soll ihm hier diesen Brief übergeben" – „Aber Herr… ist doch unser Gemeindevorsteher eben vor zehn Minuten haben wir ihn zu unserem Vorsteher gewählt falls Sie ihm etwas zu überreichen haben der dort drüben der sich gerade mit den drei Frauen unterhält das ist Herr… unser neuer Gemeindevorsteher!" – „Was wollen Sie mir einen Brief von Baal-Schem übergeben! Wollen Sie mich… Baal-Schem ist doch nun schon seit über 15 Jahren tot!" Aber dann wird der Brief doch geöffnet und der Gemeindevorsteher selber liest den Umstehenden vor: „An den Gemeindevorsteher von Brody Herrn… Zu Ihnen kommt ein Mann und übergibt Ihnen einen Brief bitte nehmt Euch seiner an er ist ohne eigenes Verschulden verarmt also helft ihm so gut ihr könnt tut es nur aus dem Grund weil ich Baal-Schem euch darum bitte natürlich fragt ihr Euch wie kann ich Baal-Schem der vor knapp 15 Jahren gestorben ist Euch diesen Brief schreiben doch als Beweis daß ich tatsächlich der Verfasser dieses Briefes bin gebe ich Euch jetzt ein Zeichen eure Frau Herr Gemeindevorsteher liegt ja seit heute Morgen in Kindesnöten aber gleich wird man drüben in Eurem Haus ein Fenster öffnen und man wird Euch über den ganzen Platz zurufen: „Es ist ein Junge! Es ist ein Junge!“ Und der Gemeindevorsteher hat den Brief noch nicht zu Ende gelesen da wird auf der gegenüberliegenden Seite des Marktplatzes ein Fenster seines Hauses aufgerissen und aus dem Fenster ruft eine Frauenstimme: „Es ist ein Junge! Es ist ein Junge!“ und noch am gleichen Tag überschütteten die Leute den Mann der so verarmt war daß er sich nicht einmal eine Jacke kaufen konnte mit ... und mit ... und überschütten ihn mit ... und mit ... und mit ...) (EUCH WERDE ICH!) (und Holofernes mit seinen hundertzwanzigtausend Mann und seiner Kavallerie (zwölftausend Mann) (REITEN REITEN REITEN DURCH DEN TAG DURCH DIE NACHT DURCH DEN TAG REITEN REITEN REITEN UND DER MUT IST SO MÜDE GEWORDEN UND DIE SEHNSUCHT SO GROSS ES GIBT KEINE BERGE MEHR KAUM EINEN BAUM ...) ( ) (verläßt seine Stellungen und bricht nun erneut auf nach ...) und Tage später hat in Dotan nun keiner mehr einen Blick für den 13-Jährigen der gerade (für wieviel eigentlich) von seinen Brüdern an einen ägyptischen Gemüsehändler verkauft worden war und der nun (seine Brüder sitzen da schon längst an zwei Tische verteilt in diesem Gartenlokal und die Kellnerin bringt ihnen gerade das erste Bier) einsteigen muß vorn im Fahrerhäuschen des kleinen LKWs des Ägypters der es plötzlich sehr eilig hat der Joseph ist da noch beschäftigt mit dem Zuziehen der Beifahrertür kaum daß er auf dem Fahrersitz Platz genommen hat auch schon den Motor aufheulen läßt und da hat er auch schon den ersten Gang eingelegt und ab geht's … denn in Dotan redet man nur noch von … und oben im umlagerten Bethulia (… Kilometer westlich von Dotan und … Kilometer östlich von Jerusalem) (UND DAS IST DER HUNGER / AM MORGEN ERWACHST DU NOCH FRISCH UND MUNTER / DANN SETZT SCHWÄCHE EIN / DANN BEGINNT DIE LANGEWEILE / DANN SETZT DER VERLUST EIN / WIRST IMMER VERWIRRTER / ABER DANN WIRST DU RUHIG UND DANN BEGINNT DAS ENTSETZEN …) (und da Holofernes die Leitungen hatte zerstören lassen durch die die Stadt sich mit Trinkwasser versorgte ist in der Stadt auch noch das Trinkwasser rationalisiert) (IN BRICENI ALS MAN DORT MIT DEN CA. 23.000 JUDEN MIT DENEN MAN NUN SCHON SEIT ÜBER EINER WOCHE UNTERWEGS WAR HIN ZUM DNISTER (WO MAN SIE ERTRÄNKEN WOLLTE) NUN DOCH HALT MACHEN MUSSTE (AUCH DEN MÄNNERN DIE DEN ZUG ÜBERWACHTEN MACHTE DIE KÄLTE (NACHTS BIS MINUS 31 GRAD) ZU SCHAFFEN) GING MAN FOLGENDERMASSEN VOR MAN LIESS DIE JUDEN AUF DEM MARKTPLATZ EINEN STACHELDRAHTZAUN BAUEN DORT SOLLTEN SIE NUN BLEIBEN BIS ES SOWEIT IST DASS MAN (ZUMINDEST DIE DIE DIE NÄCHTE ÜBERSTANDEN HATTEN UND DAS WÜRDEN JA SO VIELE NICHT SEIN) WEITERZIEHEN KONNTE NACH ORHER NACH CIMISLA UND DANN HIN ZUM DNISTER … „DAS SCHLIMMSTE WAR NICHT NUR DIE KÄLTE WIR HATTEN JA KEINERLEI … SCHLIMM WAREN AUCH DIE BAUERN AUS DEN

DÖRFERN OBEN IM GEBIRGE DIE GEHÖRT HATTEN WAS IN BRICENI LOS IST UND DIE MIT IHREN PFERDEWAGEN IN DIE STADT KAMEN SICH AN DEN LAGERZAUN STELLTEN UND DIE WACHEN ANBETTELTEN: „HER OFFIZIER HERR OFFIZIER DIESE KÄLTE! DIESE KÄLTE! DES HERREN DORT DEN FEINEN WINTERMANTEL DEN KÖNNTE ICH GEBRAUCHEN" BIS MAN SCHLIESSLICH DENJENIGEN AUF DEN DER BAUER GEZEIGT HATTE BEISEITE NAHM UND (…) DAS AUSZIEHEN DES TOTEN MUSSTE ABER DANN DER BAUER SELBER ERLEDIGEN…) UND IN LITZMANNSTADT SPERRTE MAN DIE AUSGÄNGE VON DEN STRASSEN DEREN LEUTE MAN AN DIESEM TAG NACH TREBLINKA BRINGEN WOLLTE ZUNÄCHST MIT PANZERSPÄHWAGEN AB DIE LKW'S AUF DIE DIE LEUTE DANN KLETTERN MUSSTEN DIE STANDEN DANN HINTER DEN PANZERSPÄHWAGEN…(werden die Schlangen vor den Bestattungsunternehmen immer länger fährt man die Leichen nun schon in offenen Karren zum Friedhof liegen immer öfter (entkräftete) Kinder auf den Gehwegen stehen immer mehr Männer auf den Straßen herum (und finden kein anderes Thema als „Da ist eine Blondine und bei der klingelt es sie geht zur Wohnungstür und fragt: „Wer ist da?" – Von draußen eine Frauenstimme: „Ich" – Die Blondine (etwas erstaunt) „Ich?" – „Na Herschel, du bist ja stumm sag doch etwas!" – „Ach soll ich bei der Kälte die Hände aus der Tasche nehmen?" – Herschel rennt und rennt denn er will unbedingt den Zug noch schaffen aber der hat sich gerade in Bewegung gesetzt und fährt ihm vor der Nase davon daraufhin Herschel: „Pah mit dem wollte ich sowieso nicht fahren!" – „Herschel du schuldest mir noch 500 Mark Euro Schekel!" – „Ja weiß ich doch aber in diesem

Monat kann ich dir leider nichts zurück zahlen" – „Das hast du letzten Monat auch schon gesagt!" – „Na und habe ich Wort gehalten oder nicht!" – Herschel zum Kellner: „Hören Sie mal müssen Sie das Kotelett unbedingt mit dem Daumen festhalten?" – „Nein wenn Sie wollen daß es noch einmal runterfällt!" – Herschel (zu seiner Frau): „Du sag mal der kleine Montel ist der eigentlich von mir?" – „Na klar gerade der!" – „Angeklagter Herschel was sind Sie von Beruf?" „Kaufmann" – „Ihre Konfession?" – „Evangelisch" – „Und davor?" – „Römisch-katholisch" – „Und davor?" – „Davor? Davor allerdings" – „Herschel du hier im August auf dem Markusplatz? Gerade jetzt wo es hier in Venedig am teuersten ist?" – „Ich bin auf Hochzeitsreise" – „Und wo ist deine Frau?" – „Na die ist im Geschäft…" ( ) „Herschel was ist? Du kuckst so düster?" – „Ach Rabbi ich hatte eben vor 10 Minuten einen Streit mit unserem Herrgott" – „Und worum ging es bei eurem Streit?" – „Rabbi ich habe unserem Herrgott nur gesagt daß Du Rabbi uns erst neulich erklärt hast daß für ihn unseren Herrgott 1000 Jahre nicht mehr sind als ein Augenblick und ich habe dann gesagt lieber Herrgott wenn das so ist dann sind für dich 1000 Dukaten soviel wie hier bei uns 1 Dukaten also lieber Herrgott was machte es Dir aus schenkst du mir einen Dukaten" – „Und was hat der Herrgott geantwortet?" – „Ja gerne Herschel aber warte bitte einen Augenblick"… usw. und die Priester ziehen ihr Schreikleider an und ( ) und ( ) und als sie das Geschrei der Priester (HILFE HÄTTE MAN VON NIEMANDEM ZU ERWARTEN GOTT HÄTTE DA SIE (…) SIE IN DEREN HÄNDE GEGEBEN AUF DASS SIE BEVOR SIE SICH IHNEN ZUR VERFÜGUNG STELLEN) hört (ES KOMMT IHR) (und sie ist Witwe und ist schön ist die Tochter von Meraris und die Enkelin von Uz und Urenkelin von

Joseph und Ururenkelin von Osias und Urururen-
klein von Elais und Ururururenkelin von Jamnors und Urururururenkelin Gideons und Ururururururenkelin von…) (und das ist es was ihr Mann Manasse ihr hinterlassen hat Viehherden und draußen vor der Stadt Güter) schließt sie sich in ihre (Witwen)kammer ein (GING JUDITH IN IHR KÄMMERLEIN) und (ER DER IHREM VATER DAS SCHWERT GEGEBEN HABE DER WÜSSTE WIE STRAFT MAN FEINDE (UND ES WAR NACHTS KURZ NACH HALB ZWEI / ALS SIMEON SEINEN BRUDER LEVI WECKTE / „BRUDER!“ BRUDER!“ / DIR MUSS ICH NICHT ERKLÄREN / WAS WIR ZU TUN HABEN!“ UNSERE SCHWESTER DINA! / DIE HUNDE! DARÜBER WÄCHST KEIN GRAS!“ UND LOS GINGS MIT GEZÜCKTEM SCHWERT VON HAUSTÜR ZU HAUSTÜR / UND VOR JEDER HAUSTÜR WAREN ES DIESELBEN DIALOGE: / „ZU WEM WOLLEN SIE ZU MEINEM MANN! / WISSEN SIE ÜBERHAUPT WIE SPÄT ES IST!! ERWIN! (FRITZ! WILHELM! GERHART…) HAU AB HAU AB! / HIER SIND ZWEI VERRÜCKTE / DIE WOLLEN DIR AN DEN KRAGEN…!“ DIE STADT IM SCHMERZ DER BESCHNEIDUNG…) SCHAUE WIE DAMALS AUF DAS DER ÄGYPTER AUF DER ASSYRER HEER DIE DA MIT IHREN WAGEN SPIESSEN GESCHÜTZEN…AUF DASS DER FEIND GESTRAFT WERDE DURCH SEIN EIGENES SCHWERT DASS SEINE AUGEN WENN SIE DANN SIE SÄHEN ÜBER IHN (IHREM FEIND) DIE HERRSCHAFT ÜBERNEHMEN ES IHRE WORTE SIND DIE IHN BETRÜGEN) ( ) ( ) (betet) steht danach auf (ruft die Magd (DASS DIE IHR HELFE DEN SACK UND DIE WITWENKLEIDER ABZULEGEN) ( ) (legt den Sack ab und zieht ihre Witwenkleider aus) wäscht sich salbt sich mit

( ) flicht ihr Haar zu einem ( ) setzt eine Haube auf und die ist ( ) und zieht danach (ein schöneres Kleid als einer Witwe zusteht ( ) schmückt ihre Füße mit Schuhen schmückt sich mit ( ) und ( ) (findet auch noch Verwendung für ihren übrigen Schmuck) und ( ) (DIE MAGD NEHME DEN SCHLAUCH MIT DEM WEIN DEN KRUG MIT DEM ÖL UND DEN SACK MIT DEM MEHL DER MATSE UND DEM FEIGENKUCHEN und sie ( ) und sie (GEHEN GEHEN) und sie (von denen sie am Stadttor bereits erwartet werden (WIE SCHÖN SIE IST WARUM SEHE ICH DAS ERST JETZT) (Wundern sich daß sie so schön ist / Fragen sich warum sie das noch nie gesehen haben / Fragen sich was ist mit ihr über Nacht passiert / Staunen was so ein Aufputz aus einer Frau machen kann usw.) und fragen nicht was sie vorhat) sondern lassen sie (AUF DASS ES DIR AMEN AMEN) ohne weiter nachzufragen aus der Stadt ( ) sie aber macht bei dem was da angestimmt wurde weiter (betet weiter) und – geht nun (es wird bereits hell) mit der Magd bergabwärts da treten aus dem Gebüsch beiderseits der Straße Bewaffnete (DAS SIND SIE ALSO – SEINE SOLDATEN) (fallen sie an / umstellen sie / stellen ihr die üblichen Fragen) (SIE KOMMEN WOHER SIE WOLLEN WOHIN – SIE SEI EINE HEBRÄERIN SEI VON DENEN DIE VON IHNEN BALD BESIEGT WERDEN GEFLOHEN WOLLE IHN EINZUWEIHEN IN DIE GEMEIMNISSE DER STADT DENN KEIN ASSYRER SOLLE BEI DEREN EINNAHME STERBEN ZU HOLOFERNES …) und die Soldaten (auch sie (UND SO ETWAS HIER IN DIESER EINÖDE / WIE ALT WIRD DIE SEIN usw.) I (wundern sich / staunen mehr über das was sie da sehen als was sie da hören) und (LEUTE MIT SOLCHEN ABSICHTEN SCHÄTZT UNSER HOLOFERNES DU KÖNNTEST BEI IHM GLÜCK HABEN) ( )

und führen sie zu den Zelten Holofernes und (und lassen ihm melden was sie ihm da bringen) und er (DA STEHT SIE NUN VOR IHM) ( ) ( ) SEINE AUGEN ( ) ( ) (auch sie die ihm da im Zelt zur Hand gehen machen sich ihre Gedanken (DIESE HEBRÄER ALLEIN WEIL SIE SO HÜBSCHE WEIBER HABEN SOLLTE MAN IHNEN NICHT TRAUN ALLEIN IHRER WEIBER WEGEN SOLLTE MAN GEGEN SIE IN STELLUNG GEHEN) ( ) ( )… und sie (sieht ihn nun unter diesem Purpur Gold Smaragden und da ein Edelstein da ein Edelstein da ein Edelstein und da… seines Baldachins) sitzen und ( ) ( ) bückt sich (macht vor ihm einen Knicks (?) einen Diener (?) und… (fällt vor ihm auf die Knie und er ( ) SIE / (ER) (SIE SOLLE SICH NICHT FÜRCHTEN JEMANDEM DER SICH SEINEM KÖNIG NABU-SCHÜTZE-MEINE-GRENZE UNTERWERFE HÄTTE ER NOCH NIE EIN LEID ANGETAN UND HÄTTE IHR VOLK IHN NICHT SO VERACHTET HÄTTE ER NIE DEN SPEER ERHOBEN GEGEN ES ABER SIE SOLLE SAGEN WAS DER GRUND WÄRE DASS SIE IHR VOLK VERLASSEN UND ZU IHM GEKOMMEN WÄRE DEN NABU-SCHÜTZE-MEINE-GRENZE AUSGESCHICKT HÄTTE ES DENEN DIE GEGEN IHN SIND HEIMZUZAHLEN – ER KÖNNE SEINEM KÖNIG NICHT NUR ALLEIN MENSCHEN AUCH VIEH ALS BESITZ ZUFÜHREN ERSCHRECKT WÄRE IHR VOLK VOR IHM WEIL ES WÜSSTE ES HAT SEINEN GOTT ERZÜRNT UND DURST GROSSEN HUNGER LITT ES DESWEGEN UND UMKOMMEN MÜSSE ES WEIL ES GEGEN DAS VERBOT SEINES GOTTS VIEH SCHLACHTEN WÜRDE UM DESSEN BLUT ZU TRINKEN UND ES DAS ISST WAS IN DIESEN TAGEN EIGENTLICH GOTT ZUSTÜNDE KORN WEIZEN ÖL SIE WÄRE ZWAR ABGEFALLEN VON

IHREM VOLK ABER NICHT VON IHREM GOTT UND IHR WÜRDE SICH GOTT OFFENBAREN WANN ER IHNEN FÜR IHRE SÜNDEN DEN LOHN GEBEN WÜRDE DOCH IHM WÜRDE IHR GOTT SICH ERKENNTLICH ZEIGEN WÜRDE ER TUN WAS SEINE MAGD IHM … („ICH HOLOFERNES FÜHRE DICH DURCH JERUSALEM!" (UND KEIN HUND WÜRDE IHN ANBELLEN MACHTE ER DAS VOLK ISRAEL ZU SEINER HERDE SCHAFE …) – (ER / SIE: MEINE BESTE WAR ALS ICH IN ERSCHEINUNG TRAT NICHT ALLES SCHON ENTSCHIEDEN! DU HOLOFERNES DRINGST NIE EIN IN DIE SEELE EINES MENSCHEN! WAS DENN SONST WIRD VON MIR ERWARTET ALS DIESE BOSHEIT DIE JEDERMANN MIR ANSIEHT! GING ES NICHT RASCH GENUG MICH ENDLICH BLUTBEFLECKT ZU SEHEN! DAS PASSIERT DURCHAUS HIN UND WIEDER EINMAL DASS ICH VOM PFERD AUS IN MENSCHENAUGEN KUCKE DU DA UNTEN IM DRECK JA WARUM SOLL DEIN WUNSCH MICH EINES TAGES ZU VERNICHTEN NICHT DOCH IN ERFÜLLUNG GEHEN! WAS WISST IHR SCHON VON EINEM DER MIT EINEM HARNISCH ZU BETT GEHT DER DAS GANZE LEBEN GEGEN SICH HAT SICH DURCHSETZEN MUSS WIDER DIE NATUR! ALLES ABWÄGEN DURCHSCHAUEN UMORGANISIEREN UND BESSER MAN BLEIBT DABEI DEN ANDEREN UNSICHTBAR! NICHT DASS ICH MICH NICHT DANACH SEHNE EINER VON EUCH ZU SEIN EINER AUF DEN ES NICHT SO ANKOMMT BEI DEM MAN ALLES NICHT SO GENAU NIMMT! DAS LEBEN PLÄTSCHERT SO DAHIN FAHRLÄSSIG GUTMÜTIG LÄSST MAN SICH DURCHS GEDRÄNGE SCHIEBEN SCHÜTTELT HÄNDE

HÄLT ANDEREN SEINE HÄNDE HIN DAMIT ANDERE SIE SCHÜTTELN BIS MAN SCHLIESS-LICH IN EINE BEQUEME GRUBE FÄLLT! ICH SOLL AUFHÖREN ZU TÖTEN DAS HEISST ICH SOLL UM ANDEREN DAS LEBEN ZU SCHENKEN MICH SELBER TÖTEN! IHR WOLLT FREI UND GLÜCKLICH SEIN ABER WAS HABE ICH DAVON DER VON MACHT UND EROBERUNG LEBT! WAS MEINEN SIE WIRD DIE WELT WIRKLICH SOLLTE ICH MICH JETZT FALLEN LASSEN ERLÖST! WAS DENN WAS DENN ICH EIN AUSGESTOSSENER SOLL UM EINLASS BITTEN – HOLOFERNES MICH HAT VORHIN ALS ICH EINTRAT DEIN LÄCHELN ENTTÄUSCHT ES WAR SO ZART SO FLÜCHTIG SO LEICHT DAS WAR DAS LÄCHELN VON EINEM DEM GÜTE MITLEID DURCHAUS NICHT UNBEKANNT SIND MIR IST UNVOR-STELLBAR DASS EINER WIE DU SO LÄCHELN KANN ...) (DORTHIN FÜHRE MAN SIE WO SIE ZU BLEIBEN HABE (seine Schätzekammer) (UND DASS MAN SIE VERSORGE MIT ESSEN) SIE: DA IHR VERBOTEN WÄRE VON SEINEN SPEISEN ZU ES-SEN HÄTTE SIE ETWAS VON DEM SIE ESSEN WOLLE ...) ( ) ( ) UND WAS IST HAT SIE WAS SIE SICH MITGEBRACHT AUFGEZEHRT? – SO WAHR ER HOLFERNES LEBE WÜRDE DURCH SIE GOTT WISSEN LASSEN WAS ER VORHAT ABER DAS MÜSSE MAN IHR GESTATTEN DASS SIE MOR-GENS ABENDS WEGGEHE VON DEN ZELTEN UM FÜR SICH ZU SEIN ZU BETEN) und schon am Abend (DREI TAGE GESTATTE ICH IHR SICH IHREM GOTT ZU WIDMEN geht sie herum in dem Tal unter-halb Bethulias da ein Bach (der Bach aus dem die Stadt ihr Trinkwasser bezieht) sie wäscht sich und (ER GÄBE IHR DAS GLÜCK IHR VOLK ZU

ERLÖSEN) (betet) geht zurück zu den Zelten bleibt unberührt (hält sich rein) und ißt erst etwas nach dem Einsetzen der Dunkelheit... DOCH VIER TAGE SPÄTER ER (zu einem von denen die ganztägig um ihm herum sind) (OB ES JETZT NICHT ZEIT IST DASS DIE HEBRÄERIN ZU IHM KÄME WIE STÜNDE ER DA BEI SEINEN EIGENEN LEUTEN WÜRDE DIE VON IHM GEHEN UND SIE WÄRE NOCH IMMER DIE DIE SIE JETZT IST HÄTTE EINEM MANN GEZEIGT SIE WÄRE KLÜGER ALS ER) ( ) ( ) und er (der sie holen soll) zu ihr (SCHÖNHEIT! DAS MACHE SIE WOHL NICHT SICH ZU WEIGERN MIT IHM DAMIT DER SIE ZU EINER HÖHERGESTELLTEN MACHE ZU SEINEM HERREN ZU GEHEN MAN WÜRDE ESSEN TRINKEN DIE GUTE LAUNE WÜRDE STEIGEN...) ( ) daraufhin SIE (WIE ER DARAUF KÄME DASS SIE SEINEM HERREN SICH VORENTHALTEN WOLLE VON HERZEN UND IHR LEBEN LANG WÜRDE SIE TUN WORAUF ES IHM ANKÄME) ( ) ( ) (und steht auf schmückt sich und betritt noch vor seinem Diener das Zelt und – steht nun vor ihm) SEINE AUGEN SEINE AUGEN SEINE AUGEN (nun kommen sie nicht mehr von ihr los) (SIE SOLLE SICH SETZEN TRINKEN BESTER LAUNE SEIN DENN VON IHM HÄTTE SIE NUN NICHTS MEHR ZU BEFÜRCHTEN) SIE (JA HERR SO WÜRDE SIE BESTE LAUNE HABEN DENN...EIN LANGES LEBEN ABER DAS HIER WÄRE DAS GANZ OBERSTE) ( ) ( ) (und ißt trinkt von dem was die Magd ihr bereitet und er (schließt sich ihrer guten Laune an) trinkt (mehr als er je getrunken hat und da es bald spät ist gehen die die tagsüber um ihn herum sind (auch sie sind betrunken) in ihre Zelte und ( ) (einer von seinen Dienern (auch er ist betrunken) schließt (verhängt) BITTE NICHT STÖREN BITTE

NICHT STÖREN SEIN GEMACH – und er bei dem … (SCHWACH SIND WIR ALLE AUCH FRAUEN SIE SEI JETZT WAS SIE IST EINE FRAU NICHTS ANDERES DASS ER SICH NEHME DIESES LEIBES SCHÄTZE) ( ) war (betrunken wie er ist) ( ) ( ) und liegt nun bereits (schlafend) auf seinem Bett und sie (beordert ihre Magd zu sich (SIE SOLLE DRAUSSEN VOR DEM GEMACH …) (schickt sie weg) und (ER DER VERSICHERT HABE ER WÜRDE DIE STADT JERUSALEM ERHEBEN NUN STÄRKE ER SIE HELFE IHR DASS SIE VOLLENDE WAS SIE SICH VORGENOMMEN …) (betet erneut (unter Tränen!) betet (unter Tränen bis …) und tritt dann an eine der Säulen die den Baldachin seines Bettes stützen da sein Schwert (es hängt an der Säule) langt es herunter und zieht es aus der Scheide tritt an das Bett packt den Schlafenden am Haarschopf und (DU MACHE MICH IN DIESER STUNDE STARK) (betet erneut) und läßt (mit aller Kraft) das Schwert zweimal heruntersausen auf in seinen Hals schneidet danach (endgültig) den Kopf ab wälzt ihn (Holofernes) danach aus dem Bett reißt vom Baldachin einen Vorhang herunter nimmt diesen an sich übergibt draußen vor dem Gemach den Kopf der Magd (SIE VERSTECKE IHN IN DEM SACK IN DEM IHR ESSEN WAR) und geht mit der Magd (ALS GINGEN SIE NUN WIEDER BETEN) aus dem Zelt und sie gehen (so wie man geht wenn man etwas tut was man öfter tut) durch das Tal … und gehen … und gehen …

BERLIN-LICHTERFELDE OST

Berlin-Lichterfelde Ost am 20. März jährt sich die einjährige Wiederkehr des Gründungstages und diesen Tag gilt es zu feiern und so geht es hinauf auf die Trebbiner Berge um beim nächtlichen Feuer … die Feierstunde ist beendet und die Kolonnen rücken ab der Marsch zum Bahnhof wird angetreten die Bevölkerung folgt dicht gedrängt stehen die Mannschaften auf dem Bahnsteig in Trebbin warten auf den fahrplanmäßigen Personenzug Nr. 851 von Luckenwalde kommend, der sie wieder nach Berlin zurück fahren soll abends 6.25 Uhr läuft er ein plötzlich bemerken einige Kameraden in den vorderen Abteilen Gesichter diese strecken die Faust ihren Bundesgruß empor und lächeln wir empfinden das als eine Provokation und verschiedene Leute von uns versuchen in das Abteil einzudringen in diesem Augenblick ziehen die im Abteil Revolver aus den Taschen und richten sie auf uns die augenblickliche Erregung ist ungeheuerlich ehe wir noch etwas gegen die Bewaffneten unternehmen können setzt sich der Zug in Bewegung alles steigt noch während der Fahrt ein und die Ereignisse nehmen ihren Lauf für uns ist klar daß diese Provokation gezüchtigt werden muß während der Fahrt steigt ein Neuköllner Kamerad auf das Dach des von der 32 Mann starken Kapelle des anderen besetzten Abteils der Neuköllner Kamerad Werner Teichert will mit kühnem Griff die Abteiltür aufreißen um so dem Kampf ein schnelles Ende zu bereiten da erhält er einen Streifschuß am Kopf sinkt zurück um im nächsten Augenblick nochmals aufzuspringen er versucht ein zweites Mal in das Innere des Wagens einzudringen ein zweiter Schuß trifft ihn besser die Kugel sitzt einen Zentimeter von der Schläfe entfernt im Kopf die umstehenden Kameraden tragen den Gefallenen zurück noch lebt er wilde Verwünschungen hallen gegen den Wagen Panik die wilde Schießerei von 60-100 Schüssen hat im Nu den Zug von Fahrgästen entvölkert sie flüchten nachdem jemand die Notbremse gezogen hat über die Gleise ein daherkommender D-Zug wird zum Stehen gebracht der Wagen der anderen bietet äußerlich einen wüsten Anblick alle Scheiben sind zertrümmert die Bahnbeamten sind verschwunden jetzt erscheint ein Überfallkommando die Schupos von sechs Mann (machtlos!) das Schießen aus dem Wagen ist verstummt als die Abteiltüren von uns und der Schupo geöffnet werden zeigt sich ein Bild schlimmster Art alle im Abteil sind durch die Steinwürfe schwer verletzt worden die Musikinstrumente die einen Wert von 1500 Mark besitzen sind zerbeult im ganzen Wagen liegen Glasscherben Blutlachen Holzsplitter und über 200 Steine als erster wird ein Zivilist herausgezogen der Landtagsabgeordnete Paul Hoffmann sein Gesicht ist eine unförmige blutverschmierte Masse die Musikinstrumente werden zertreten und wir hatten in G. die Bevölkerung zu einer Kundgebung gegen die „Seuche des Nationalsozialismus" aufgerufen in der der Reichstagsabgeordnete Tempel referieren sollte während des Vortrags wurde die allgemeine Ordnung gewahrt doch der Saal füllte sich mehr und mehr mit nicht uniformierten Hakenkreuzlern diese Gesellschaft stand unter der Führung eines gewissen Lütt der seinerzeit der Anführer bei dem Überfall in S. war und wegen Beschimpfung der Republik zu einer hohen Gefängnisstrafe verurteilt worden war in der Aussprache die dem Referat des Reichstagsabgeordneten folgte leistete sich dann Lütt immer wieder Anpöbeleien die auf den Ton „Schieberrepublik" „Gaunerrepublik" „Wuchererrepublik" abgestimmt waren obwohl eine Herausforderung der anderen folgte blieben die übrigen Versammlungsteilnehmer auf Aufforderung des Vorsitzenden absolut ruhig nach Schluß von seiner Rede befahl Lütt seinen Leuten den Saal zu räumen nachdem sich diese am Ausgang des Saals konzentriert hatten setzten sich die übrigen etwa 20 Mann wie auf Kommando in Bewegung und fielen über die überraschte Versammlung her mit Zaunlatten Stöcken eisernen Gartenstühlen und mit jedem erreichbaren Gegenstand wurde in brutalster Form auf die Versammlung eingeschlagen außerdem wurden Stühle und Bierseidel in die Menschenknäuel hineingeschleudert und bald glich das Lokal einem Trümmerhaufen beim Erscheinen der Schupo die vierzig Mann hoch den Saal stürmte flüchteten die Burschen durch das Fenster ins Freie zwei Schwer- und vier Leichtverletzte blieben zurück die Polizei stellte die Personalien von 103 Burschen fest „Auf nach Freienwalde!“ wieder ging's ein Stück übers Land über ungepflegte Wege schlängelte sich der Lastwagen da stand einer und hielt uns die Faust entgegen im Nu war Horst unten die Leute wollten ihm nach „Oben bleiben!“ lautete aber der Befehl der Wagen hielt und Horst eilte dem Burschen nach der aber schnell in einem Bauernhaus verschwand er war so mit dem Schrecken noch einmal gnädig davongekommen die Landwirte staunten viele freuten sich singend ging's weiter wollten wir heute zum ersten Mal durch den Berliner Fischerkiez fahren das hatte noch keine geschlossene SA-Formation bisher getan und bald sauste der Lastwagen über spiegelglatten Asphalt die Innenstadt kommt immer näher gleich waren wir da plötzlich hielt der Wagen Horst stieg mit aufs Verdeck „Keiner springt vom Wagen ohne mein Kommando! Wenn wir angegriffen werden dann aber auch alle für einen und einer für alle! Fertigmachen! Singen!“ langsam rollt der Wagen los fährt um die Ecke wir waren im Fischerkiez wir singen wir schreien wir brüllen in den kleinen niedrigen Fenstern erscheinen die ersten Gesichter „Runter auf die Straße!“ die rote Meute sammelt sich wir sind vor dem Wirtshaus „Zum Nußbaum“ einem alten Gasthaus angelangt die ganze Gegend gerät in Aufruhr aus allen Häusern kommen sie herbeigestürzt immer größer wird die Menge und brüllt in wahnsinniger Wut uns ihr „Rot Front!“ entgegen doch was ist da ein Straßenbahnfahrer fährt rücksichtslos mit seinem Wagen in unsere Kolonne und will auf und davon Fackeln fliegen durch die Luft einige Kameraden schwingen sich auf die Bahn und schnell erfährt der Fahrer bei der Gelegenheit daß mit der Berliner SA und dem Sturm 5 nicht gut Kirschen essen ist am 1. Mai dieses Monats veranstaltete die Partei im ausgesprochenen Arbeiterviertel Wedding eine öffentliche Massenversammlung zu dem Thema „Der Zusammenbruch des bürgerlichen Klassenstaats“ doch bereits während des Referats entstanden die ersten Plänkeleien und als der Versammlungsleiter mitteilte im Wiederholungsfall die Ruhestörer aus dem Saal zu weisen wurde die KPD von einer künstlichen Erregung befallen aber mittlerweile hatte sich unter Führung des Sturmführers 19 die 2 besten Schläger der SA vor der Bühne und unter Führung des Sturmführers 31 gegenüber links an der Theke und rechts über dem Eingang der Rest der Männer aufgebaut so wird die Kommune in eine fürchterliche Zange von Fäusten Bierseideln und Stuhlbeinen genommen die sie fast sofort zur Flucht treibt während in der Mitte des Saals die Roten buchstäblich reihenweise niedergeschlagen werden tobt an beiden Notausgängen rund um den Ofen der an dieser Stelle steht ein verzweifelter Kampf ein Kommunist springt mit dem Kopf in eine Fensterscheibe um seinen Genossen einen freien Weg zu bahnen er hat aber nicht mit der heruntergelassenen Jalousie vor der Scheibe gerechnet so daß er zurückprallt und ihm von den Scheiben beide Ohren abgetrennt werden die anderen Fenster sind zu eng mit den Köpfen hängen sie aus ihnen und von hinten klatschen die Schläge der Eingang zum Saal ist verbarrikadiert durch Tische und Stühle deshalb kann auch die Polizei nicht so schnell herein der Weddinger Kommune kostet die Schlacht 4 Verletzte davon acht Schwerverletzte von denen einer sterben muß es war ihre größte Schlappe … / und warum Frau Salms wollten Sie daß Herr Wessel ihre Wohnung verläßt er blieb mir zwei Monate lang die Miete schuldig als ich ihn mahnte schnauzte er mich an mach daß Du rauskommst Du bekommst keinen Pfennig darauf ging ich zur Polizei und meldete Fräulein Jänicke die bei Wessel wohnte ab ich bat auch Wessel's Mutter mir zu helfen darauf schimpfte Wessel wieder lassen Sie meine Mutter aus dem Spiel ich konnte das Wesselsche Treiben nicht länger dulden ich mußte ständig nachts aufstehen und Besuch hereinlassen mitunter kamen um vier Uhr nachts vier bis sechs Personen die in Wessels Zimmer Versammlungen abhielten wobei es immer sehr erregt zuging wohnte bei Wessel noch jemand ja seine Braut Wessel sagte er brauche sie zum Reinemachen ich war einmal einige Wochen bei meinen Kindern im Rheinland gewesen als ich zurückkam erfuhr ich daß Wessel seine Freundin ohne mein Wissen angemeldet hat hatten Sie die Wohnung an Wessel verkauft nein er hat mir zwar 200 Mark Miete als Vorschuß gegeben aber die Wohnung gehörte mir dreimarkzwanzig sollte ich monatlich von ihm noch bekommen und dann wolle ich auch die Braut raushaben weil sich die Hausbewohner über sie beschwerten wenn Wessels Mutter kam flüchtete sie in die Küche was unternahmen sie dann weiter meine Schwiegermutter hat mir geraten ich soll mich an die Freunde meines verstorbenen Mannes wenden damit Wessel sieht daß ich auch Hilfe habe so ging ich zu Max Jambrowski und bat ihn um Schutz Wessel sollte sehen daß ich Schutz habe ich wollte Hilfe haben bei der Entfernung seiner Braut darauf kamen aus dem Lokal in der Dragonerstraße Fräulein Else Cohn und Walter Jambrowski mit in meine Wohnung Max Jambrowski und Walter Joneck waren nachdem sie sich mit anderen

Männern in einer Kneipe besprochen hatten in eine andere Kneipe gegangen Fräulein Cohn entfernte sich dann noch einmal aus der Wohnung und kehrte nach einigen Minuten mit Höhler Rückert und Kandinski zurück sie saßen alle in der Küche wurde in der Küche ein Revolver geladen nein Höhler Rückert und Kaminski gingen aus der Küche und Fräulein Cohn schloß die Küchentür ab plötzlich ist ein Schuß gefallen ich wurde bleich und stürzte entsetzt in das Zimmer wo ich Wessel angeschossen liegen sah inzwischen war Höhler in die Küche geeilt und hatte aufgeregt gerufen nun aber schnell raus und nach Hause Wessels Braut Fräulein Jänicke hob den Revolver auf und nahm ihn an sich wenig später kamen Wessels Freunde ich wollte den in der Nähe wohnenden Arzt holen aber jemand hielt mich am Arm fest und rief unterstehen Sie sich das ist ein Jude der hat unseren Wessel nicht anzurühren und Wessel selbst der noch bei vollem Bewußtsein war sagte zu mir kommen Sie ja nicht mit dem Juden den schmeiß ich die Treppe runter daß er sich das Genick bricht haben Sie Wessel auf Waffen untersucht nein ich habe ihn nur hochgehoben aber nicht in die Taschen gefaßt haben Sie nicht den Schlüssel zu Wessels Schrank dem Angeklagten Jambrowski im Kommunistenlokal gegeben das war der Schlüssel zu meinem Küchenschrank und ich habe ihn deshalb gegeben weil ich wußte daß die Herren Wessels Waffen an sich nehmen warum ließen Sie die Korridortür offen als die Cohn wegging und Verstärkung holte das war nicht ich das war die Cohn als der Schuß krachte kam da Höhler in die Küche gestürzt und schrie alle raus ja ich war gerade dabei in unserem Lokal mit einem Bekannten Billard zu spielen da wurde ans Fenster geklopft und Frau Salm kam mit ihrer Schwiegermutter herein und erzählte von Wessel gegen den sie Schutz suchte ich ging dann in die Funktionärsversammlung die im Hinterzimmer des Lokals tagte und habe dort von dem Vorfall mit Frau Salms berichtet man hat mich aber aus der Sitzung gewiesen weil man für die Sache keine Zeit habe ich bin dann in ein anderes kommunistisches Lokal in der Mulackstraße gegangen wo ich Höhler und Rückert getroffen habe mit diesen beiden bin ich dann in das erste Lokal zurückgegangen und wir haben dann verabredet Wessel eine proletarische Abreibung zu geben was waren Sie bei der KPD ich war Kassierer bei der Sturmabteilung Mitte haben Sie das Geld das Sie als Kassierer verwalten für den Ankauf von Waffen ausgegeben nein wir haben keine Waffen woher hatten die Angeklagten Höhler und Rückert ihre Waffen das weiß ich nicht haben Sie nicht die Waffen verteilt das ist bei den Nazis Sitte nicht bei uns hätte ich soetwas getan hätte man mich aus der KPD hinausgeworfen wir kämpfen nicht mit Mordinstrumenten wir kämpfen mit der Faust was versteht man denn unter proletarischer Abreibung wenn wir von der Sturmabteilung jemanden eine proletarische Abreibung geben dann schlagen wir ihn so daß er nachher ins Krankenhaus eingeliefert werden muß aber er erhält diese Abreibung nur mit der Faust als ich Walter Joneck traf war davon die Rede Horst Wessel aus der Wohnung zu setzen ich ging mit in die Wohnung der Frau Salm und setzte mich in die Küche Frau Salm wollte uns noch einen Kaffee aufbrühen inzwischen ging Else Cohn weg und kam später mit Höhler Rückert und Kandulski wieder ich sah noch wie Ali einen Revolver entsicherte und ihn wieder in die Tasche steckte dann hörte ich einen Schuß krachen und sagte Mann der feige Hund gemeint war Wessel schießt wohl noch durch die Tür nach zehn Minuten kam Ali und rief alles raus Frau Salm schildern Sie noch einmal den genauen Hergang wie es am 14. Januar zu der Tat kam also nach dem Tod meines Mannes habe ich am 1. Oktober vorigen

Jahrs einen Untermieter in die Wohnung nehmen müssen das war der Student Wessel er hatte vorher nichts von seiner Braut der Erna Jänicke gesagt und daß die mit in das Zimmer ziehen würde auch nichts von seiner Tätigkeit in der SA er zahlte im Voraus zweihundert Mark damit ich ihn nicht kündigen konnte aber ich wollte den ewigen Krach in der Wohnung nicht mehr haben und immer die vielen Besuche der SA-Leute bis in den Morgen hinein und daß seine Braut ohne meine Erlaubnis zu ihm gezogen ist und da habe ich ihm also gekündigt Wessel aber behauptete er hätte die Wohnung für 200 Mark gekauft das war aber nur der Vorschuß den er längst abgewohnt hatte dann bin ich also doch auf dem Revier gewesen die haben mir aber gesagt in ihrer Wohnung sind Sie selbst der Schutzmann da bin ich nach dem letzten Streit am 14. Januar mit meiner Schwiegermutter in das Stammlokal der Kommunisten von Georg Bär in der Dragonerstraße gegangen die tagten gerade im Hinterzimmer und die sollten mir nun helfen den lästigen Untermieter aus der Wohnung rauszuwerfen und seine Braut ich erzählte ihnen auch von den Schwierigkeiten mit ihm daß er keine Miete zahlt und daß er rabiat wird wenn ich etwas sage mein verstorbener Mann ist ja ein alter Kommunist gewesen aber sie sagten erst für so etwas sei ihre Bereitschaft nicht zuständig schöne Genossen habe ich da gesagt immer von Solidarität und Arbeiterklasse reden aber wenn eine alleinstehende Arbeiterfrau in Bedrängnis gerät kann sie selber sehen wie sie fertig wird doch als ich dann sagte daß es Sturmführer Wessel war und daß er Waffen in seinem Schrank versteckt hat und Listen des Roten Frontkämpferbundes das wirkte einer von den Leuten sagte die Sache wird gleich erledigt wir kommen mit einem Rollkommando bei Ihnen vorbei wir geben diesem Jungen eine proletarische Abreibung und setzen ihn an die frische Luft sie sind also anschließend gleich nach Hause gegangen ja die Wohnungstür habe ich offenstehen lassen als die Männer kamen ließ ich sie heimlich in die Küche ich zeigte ihnen die Tür zu Wessels Zimmer wo sie Posten faßten drinnen hörte man die Stimme von Wessel und seiner Braut dann zog ich dreimal die Türklingel zu der Wohnungstür dreimal das war für Wessel damit er glauben sollte es ist jemand für ihn da ich hörte wie er aus der Tür kam und wie Höhler rief Hände hoch und dann schoß Höhler kannte Höhler den Wessel nein nicht persönlich und wissen Sie ob Höhler die Braut des Wessel die Erna Jänicke kannte nur flüchtig am Abend der Tat befand ich mich in einem Bereitsschaftslokal als ein Genosse in das Lokal kam und mit Rückert etwas besprach und diese beiden forderten mich auf sie in das Lokal von Bär zu begleiten wir gingen los und trafen Josef Kandulski der auch mitkam in dem Lokal von Bär wurden wir von Max Jambrowski darüber informiert daß eine gewisse Frau Salm von ihrem Mieter anhaltend schikaniert wird und daß er sich auch weigern würde die Miete zu bezahlen wir sollten diesen Mann an die frische Luft setzen ich hatte zuerst noch gar nicht gewußt daß es sich um den berüchtigten nationalsozialistishen Sturmtruppführer Wessel handelt ein kleiner Trupp machte sich also auf den Weg in die Große Frankfurter Straße zu Frau Salms Wohnung wir fanden zuerst das Haus nicht und mußten uns erst zurechtfragen bei dieser Gelegenheit kam Else Cohn und sagte Wessel ist zu Hause ihr könnt raufkommen wir gingen zur Wohnung hinauf und fanden die Korridortür schon offen stehen wir setzten uns in die Küche und Frau Salm sagte mir Menschenskind vorsicht der hat ein ganzes Waffenlager in der Bude ich erkundigte mich ob Wessel seine Parteifreunde bei sich habe das wurde von der Frau Salm verneint ich sicherte meine Pistole lud sie und entsicherte sie gleich wieder dann steckte ich sie in meine Manteltasche nunmehr gingen ich Rückert und Kandulski zu Wessels Zimmertür wir klopfen es wurde aber nicht geöffnet das geschah erst auf ein Klingelzeichen der Frau Salm Wessel öffnete die Tür und es ist meine feste Überzeugung daß er die Situation sofort überblickte ich sah wie er zur Gesäßtasche griff und sagte mir blitzschnell halt der Kerl will dich abmurksen ich schrie furchtbar erregt Mensch Hände hoch ich riß gleichzeitig die Pistole aus der Manteltasche heraus und schoß ohne jedes Ziel Wessel fiel um die beiden Frauen die im Zimmer waren schrien auf worauf Kandulski Rückert und ich gleichzeitig in das Zimmer stürzten eine der Frauen kannte ich von früher es war die Jänicke als sie noch am Alexanderplatz als Prostituierte ging dort habe ich sie oft in meinem ehemaligen Milieu gesehen halt den Mund rief ich und gib die Waffen raus dort im Kleiderschrank sind sie erwiderte sie darauf ging Josef Kandulski zu dem Schrank und nahm die Waffen heraus ich sagte noch zur Jänicke holen Sie einen Arzt dann ging ich in die Küche und rief alles raus AM FREITAG DEN 18. AUGUST 1933 WURDE SALLY EPSTEIN DURCH SEINE VERHAFTUNG AUS UNSERER FAMILIE GERISSEN ALS ER SICH HERZLICH VON UNS VERABSCHIEDEN WOLLTE SPUCKTE DER KRIMINALKOMMISSAR VOR MIR AUS UND SAGTE: PFUI, WIE KANN MAN EINEN HEBRÄER ALS SEIN KIND BEZEICHNEN SALLY KAM IM SOMMER 1928/AUS DER HEIL- UND PFLEGEANSTALT OBERWALDE NACH BERLIN. HIER IN BERLIN TRAT DER 21.-JÄHRIGE IN DIE KOMMUNISTISCHE PARTEI EIN UND IN DEN ROTEN FRONTKÄMPFERBUND DIE ZELLE TAGTE IM LOKAL BAER IN DER DRAGONER-STRASSE HERR BAER SOWIE SEINE VERTRETE-RIN FRAU GERTURD HENNIG EMPFAHLEN

UNS SALLY ALS EINEN ANSTÄNDIGEN UND
WILLIGEN MENSCHEN UND SO NAHMEN
WIR IHN ALS GEHILFEN IN UNSER MALERGE-
SCHÄFT AUF DAS MEIN MANN RICHARD LUT-
TER SELBSTSTÄNDIG BETRIEB DA SALLY
DURCH DIE LIEBLOSIGKEIT SEINER ELTERN
EINE SCHWERE KINDHEIT GEHABT HATTE UND
IN SEINER JUGEND VIELE JAHRE IN FREMDEN
FAMILIEN UND ANSTALTEN VERBRINGEN
MUSSTE ERWIES ER SICH ALS SEHR DANKBAR
UND ANHÄNGLICH UNSER EIGENER SOHN
WAR GESTORBEN UND SO SAHEN WIR BALD
IN SALLY ERSATZ UND NACHFOLGER FÜR IHN
EINE ADOPTION WURDE ABER ABGELEHNT
ERSTENS, WEIL MEIN MANN UND ICH NOCH
KEINE FÜNFUNDVIERZIG WAREN UND WEIL
WIR BEREITS EINE TOCHTER HATTEN UND
ZWEITENS, WEIL SALLY EIN EHELICH GEBORE-
NES KIND WAR VON SEINEM LEIBLICHEN
VATER HATTE ICH ABER SCHRIFTLICH VON
SEITEN ELTERN BESTÜNDE KEIN INTERESSE
AN IHREM SOHN O HÄTTEN WIR GEAHNT DASS
IHM GEFAHR DROHT WIR HÄTTEN SCHON
EINEN WEG GEFUNDEN IHN ÜBER DIE GRENZE
ZU BRINGEN DOCH NUN BEGANN DURCH
UNSER EINTRETEN FÜR IHN FÜR UNS EINE
SCHWERE ZEIT ICH SELBST NAHM ES AUF
MICH TAGELANG UMHER ZU LAUFEN FÜR IHN
EINEN VERTEIDIGER ZU FINDEN UND ERST ALS
ICH BEI ZEHN ANWÄLTEN VERGEBLICH VOR-
GESPROCHEN HATTE FAND ICH SCHLIESSLICH
EINEN IN DER LINIENSTRASSE DER NAHM MIR
ZWAR HUNDERTFÜNFZIG REICHSMARK AB
VERSAGTE ABER BEREITS BEIM HAFTPRÜ-
FUNGSTERMIN AM 9. NOVEMBER UND SO

BEKAM SALLY NOTGEDRUNGEN EINEN PFLICHTVERTEIDIGER BEI DER TODESSTRAFE IST NICHT EINZUSEHEN WARUM DA UND DORT, WO EINMAL FRANZÖSISCHES RECHT GALT DIE GUILLOTINE ALS VOLLSTRECKUNGSMITTEL GELTEN SOLL DIE ÜBRIGENS DEM DEUTSCHEN VOLK ABSOLUT FREMD IST DIE TODESSTRAFE WIRD JETZT,/FALLS VOM REICH NICHT ANDERS BESTIMMT DURCH ERSCHIESSEN ODER ERHÄNGEN IN PREUSSEN DURCH DAS BEIL VOLLZOGEN. ES IST ÜBRIGENS NOCH IMMER DIE ALLERSICHERSTE TODESART DIE NOCH NIE ZU IRGENDWELCHEN BEANSTANDUNGEN ANLASS GEGEBEN HAT AM 12. JUNI 1934 BEGINNT DER PROZESS GEGEN SALLY EPSTEIN UND ANDERE. AUS DEM GESAMTEN VERHALTEN DER ANGEKLAGTEN ERGIBT SICH DASS SIE MIT ÜBERLEGUNG GEHANDELT HABEN. ALS SIE HÖRTEN, DASS EINE AKTION GEGEN DEN UNLIEBSAMEN GEGNER DURCHGEFÜHRT WERDEN SOLL BEGEBEN SIE SICH MIT WISSEN ZUR TAT SCHON AUF DEM WEG ZUR TAT HATTE MAN ÜBER DAS GEPLANTE GESPROCHEN / UND DER ANGEKLAGTE WÄRE IN DER LAGE GEWESEN WÄHREND DES ZWANZIG MINUTEN DAUERNDEN WEGS DAS FÜR UND WIDER ZU ÜBERLEGEN UND GEGENEINANDER ABZUWÄGEN DOCH SOWOHL EPSTEIN ALS AUCH ZIEGLER HABEN SCHON AUF DEM HINWEG PLANMÄSSIG UND ÜBERLEGT GEHANDELT IN DEM SIE OHNE BESONDERE ANORDNUNG IN GRUPPEN UNAUFFÄLLIG ZUM TATORT SCHRITTEN JAMBROWSKI WIES DIE EINZELNEN BEREITSCHAFTSMITGLIEDER AN WIE SIE SICH UM DIE TÄTER, DIE IN DIE WOHNUNG VON WESSEL

EINDRINGEN SOLLTEN, ZU DECKEN / ZU VERTEILEN HÄTTEN DER ANGEKLAGTE EPSTEIN ERHIELT SEINEN PLATZ UNMITTELBAR NEBEN DEM EINGANG DES HAUSES GROSSE FRANKFURTER ALLEE 62 IHM WURDE DIE ANWEISUNG ZUTEIL SOBALD POLIZEI ODER SA ERSCHEINE, ZU PFEIFEN DEN SCHUSS HATTEN SOWOHL DER ANGEKLAGTE EPSTEIN ALS AUCH DER ANGEKLAGTE ZIEGLER GEHÖRT UNTEN ANGEKOMMEN RIEF JAMBROWSKI DEN EINZELNEN POSTEN INSBESONDERE DEN WEITER ENTFERNT STEHENDEN STOLL IM VORBEILAUFEN ZU: TÜRMT AUCH EPSTEIN, DER NOCH VOR DER HAUSTÜR STAND BEKAM VON KANDULSKI, DER IHM GLEICHZEITIG ZURIEF ES IST ERLEDIGT DEN BEFEHL ZU TÜRMEN. KANDULSKI HATTE ABER NOCH DEN AUS DER WOHNUNG VON WESSEL ENTWENDETEN GUMMIKNÜPPEL (EINEN 3 ZENTIMETER LANGEN UND 2 ZENTIMETER DICKEN STAB AUS VOLLGUMMI) IN DER HAND DEN STECKTE ER EPSTEIN ZU DOCH DER ANGEKLAGTE EPSTEIN NACH DER TAT ÄNGSTLICH GEWORDEN WOLLTE IHN NICHT HABEN UND STOPFTE IHN / AUF ANREGUNG VON KANDULSKI BEI DER FLUCHT IN EINEN GULLY ALLEN WAR DER POLITISCHE GEGNER, STURMFÜHRER WESSEL, GLEICH VERHASST ALLEN WAR BEKANNT, DASS DER GEGNER FÄLLT MAN MIT SO VIELEN TEILNEHMERN UND SO GROSSEN VORSICHTSMASSNAHMEN ÜBER IHN HER AUF DER STRECKE BLEIBT. BEFAND SICH DER ANGEKLAGTE EPSTEIN ZUR ZEIT DER ABGABE DES SCHUSSES AUCH NICHT VOR DER WOHNUNGSTÜR DIE NACH EINEM GEMEINSAMEN PLAN VORGENOMMENE TAT

GEGEN WESSEL WAR DIE TAT ALLER NUR HATTE MAN DER VERANLAGUNG DES EINZELNEN ENTSPRECHEND DIE ROLLEN VERTEILT UND AM 1. JUNI ERSCHIEN PUNKT 3 UHR DAS GERICHT UND VERKÜNDETE IN DEM BIS AUF DEN LETZTEN PLATZ GEFÜLLTEN ZUSCHAUERRAUM DEN URTEILSSPRUCH ZIEGLER UND EPSTEIN BRACHEN BEI DEN WORTEN DES VORSITZENDEN IN TRÄNEN AUS UND DIE IM ZUSCHAUERRAUM ANWESENDE FRAU DES ZIEGLERS VERFIEL IN SCHREIKRÄMPFE UND MUSSTE VON EINEM JUSTIZWACHMEISTER AUS DEM SAAL GEFÜHRT WERDEN UND AUCH ICH RUHTE NICHT UNSEREN SALLY ZU RETTEN ICH SCHRIEB AN GÖRING EIN GNADENGESUCH ER ABER ANTWORTETE MIR DASS ER DARÜBER NICHT VERFÜGEN KÖNNTE ICH SOLLTE MICH AN … WENDEN ALSO SCHRIEB ICH AM 31.12. AN DENSELBEN DER MIR ABER EBENFALLS ABSCHLÄGIG ANTWORTETE UND SO / GING ICH AM 10. MÄRZ DEN SCHWEREN WEG ZUR REICHSKANZLEI DIE BEFAND SICH AM WILHELMSPLATZ WO SEIT ZWEI JAHREN TAUSENDE IHREM FÜHRER ZUJUBELTEN, / DOCH DORT WURDE ICH OBWOHL ICH MICH VORSTELLTE ALS DIE MUTTER VON SALLY EPSTEIN, MIT SCHIMPFWORTEN UND STÖSSEN VOM HOF GEJAGT SAARBRÜCKEN, DEN 3.12.19 … ICH HABE IN GEGENWART DES ENGLISCHEN ANWALTS LAWSON DEN IN DEM VERFAHREN VON 1930 WEGEN BEGÜNSTIGUNG VERURTEILTEN KOMMUNISTEN KUPFERSTEIN VERNOMMEN AUS DESSEN ANGABEN ERGEBEN SICH DASS EPSTEIN UND ZIEGLER NICHT AM TATORT WAREN JASTROW TÖPFERSTRASSE

27 HIERMIT BITTE ICH DIE TODESSTRAFE MEINES SOHNES IN EINE FREIHEITSSTRAFE UMZUWANDELN MEIN SOHN HAT SICH BISHER GUT GEFÜHRT / UND SICH AN DIESER TAT BESTIMMT NUR AUS VERFÜHRUNG UND CHARAKTERSCHWÄCHE UND UNTER ZWANG / IN DEM ER IN KOMMUNISTISCHEN KREISEN GESTANDEN HATTE BETEILIGT. BERLIN, DEN 15. NOV … HIERMIT BITTE ICH DIE ANERKANNTE TODESSTRAFE IN EINE LEBENSLÄNGLICHE STRAFE UMZUWANDELN. DA DIE HAUPTTÄTER IN EINEM FRÜHEREN VERFAHREN RECHTSKRÄFTIG UND UNANGREIFBAR ZU AUSSERORDENTLICH MILDEN FREIHEITSSTRAFEN VERURTEILT WURDEN STELLT EINE VOLLSTRECKUNG DES URTEILS ZWEIFELLOS EINE ÜBERMÄSSIGE HÄRTE DAR … / DER VERURTEILTE EPSTEIN IST ÜBRIGENS EIN MENSCH VON GERING ENTWICKELTER INTELLIGENZ, / VON GERINGER BILDUNG UND IST SEIT LANGEM AN TUBERKULOSE ERKRANKT RECHTSANWALT KRAMER DR. MARTIN JOSEPH, BELIN DEN … 1935 … STRAFGEFÄNGNIS PLÖTZENSEE DER VERURTEILTE EPSTEIN HAT SICH SEELSORGERISCH EINFLÜSSEN ALS ZUGÄNGLICH ERWIESEN SEINE SEELE IST, IM GRUNDE GENOMMEN, NAIV / UND ALLEIN NACH SEINER ÄUSSEREN ERSCHEINUNG UND INNEREN BESCHAFFENHEIT IST IHM KEIN SINN FÜR GEWALTTÄTIGKEITEN ZUZUTRAUEN ER BESTREITET DIE TAT NICHT AUS FURCHT VOR DEN FOLGEN SONDERN WEIL ER SICH UNSCHULDIG FÜHLT BERLIN DEN … SOWOHL ZIEGLER ALS AUCH EPSTEIN WAREN JAHRELANG AKTIVE KOMMUNISTEN NICHT BLOSSE MITLÄUFER BEIDE

HABEN SICH WIEDERHOLT IM TERRORISTISCHEN KAMPF GEGEN DEN NATIONALSOZIALISMUS BETÄTIGT BEIDE HABEN SICH OHNE BEDENKEN SOFORT DEN VERBRECHERISCHEN PLÄNEN HÖHLERS UND RÜCKERTS ZUR VERFÜGUNG GESTELLT DIE TAT SELBT IST HEIMTÜCKISCH MIT GRÖSSTER ROHHEIT OHNE JEDE SPUR VON MENSCHLICHKEIT DURCHGEFÜHRT WORDEN / UND TRÄGT KEIN ZUG DER SIE IN MILDEREM LICHT ERSCHEINEN LÄSST DOCH EPSTEIN UND ZIEGLER SPIELTEN BEI DER TAT EINE UNTERGEORDNETE ROLLE UND ES WÄRE MENSCHLICH UNBEFRIEDIGEND UND MÜSSTE ALS UNGERECHT EMPFUNDEN WERDEN MÜSSTEN EPSTEIN UND ZIEGLER DAS BÜSSEN, / WAS EIGENTLICH DEN HAUPTTÄTERN GEBÜHRT EINE VOLLSTRECKUNG DES URTEILS KÖNNTE UNTER DIESEN UMSTÄNDEN / LEICHT DAS GEFÜHL EINER SPÄTEN UND UNBEFRIEDIGENDEN VERGELTUNG AUFKOMMEN LASSEN IN VÖLLIGER ÜBEREINSTIMMUNG MIT DER EINMÜTIGEN AUFFASSUNG DES GERICHTS / BEFÜRWORTE ICH HIERMIT EINE BEGNADIGUNG ZU LEBENSLÄNGLICHEN ZUCHTHAUS JUSTIZOBER …, …, BERLIN DEN … OBERSCHARFÜHER FIEDLER DER SA- STANDARTENFÜHRER MARKUS UND SA-TRUPPENFÜHRER FRIEDRICH HABEN ALS GUTE FREUNDE UND MITKÄMPFER HORST WESSELS GEBETEN IM FALLE DER VOLLSTRECKUNG DES TODESURTEILS DER VOLLSTRECKUNG BEIWOHNEN ZU DÜRFEN / ICH BITTE DAHER FÜR DEN FALL DASS DER GNADENERWEIS NICHT ERTEILT WIRD UM ANWEISUNG OB ICH DEN VORGENANNTEN SA-FÜHRERN ZUTRITT ZUR HIN-

RICHTUNG DER VERURTEILTEN GESTATTEN DARF SEHR GEEHRTER HERR MINISTERPRÄSIDENT ICH HABE SEINERSEITS DEN INZWISCHEN VERSTORBENEN ALI HÖHLER DER DEN SCHUSS AUF HORST WESSEL ABGEGEBEN HATTE VERTEIDIGT AUS MEINER GENAUEN KENNTNIS DER SACHLAGE KANN ICH AUF DAS BESTIMMTESTE VERSICHERN DASS SOWOHL ZIEGLER ALS AUCH EPSTEIN MIT DER TÖTUNG NICHTS ZU TUN HABEN / IN DER GANZEN RECHTSGESCHICHTE IST ES NOCH KAUM VORGEKOMMEN DASS MEHRERE JAHRE NACH DER TAT UND NACH BEENDETEM PROZESS / NACHTRÄGLICH GEGEN ANGEBLICH BETEILIGTE EIN VERFAHREN WEGEN MORDES DURCHGEFÜHRT WIRD NACHDEM DER HAUPTTÄTER NUR WEGEN TOTSCHLAGS VERURTEILT WURDE ZUMINDEST GIBT ES KEIN BEISPIEL BEI EINEM SOLCHEN FALL DIE AUSÜBUNG DES GNADENAKTS NICHT STATTFINDEN ZU LASSEN DA ICH NICHT WEISS OB SONST JEMAND FÜR DIE BEIDEN VERURTEILTEN EINTRITT HALTE ICH MICH AUS REIN MENSCHLICHEN ERWÄGUNGEN VERPFLICHTET DIESEN APPELL AN SIE ZU RICHTEN DA SIE NACH DEN HEUTIGEN BESTIMMUNGEN ÜBER LEBEN UND TOD DER BEIDEN ENTSCHEIDEN DR. ALFRED APFEL. IN DER STRAFSACHE GEGEN DEN BEI DEM LANDGERICHT BERLIN AM 15. JUNI 1934 WEGEN MORDS ZUM TODE UND ZUM DAUERNDEN VERLUST DER BÜRGERLICHEN EHRENRECHTE VERURTEILTEN SALLY EPSTEIN, HABE ICH BESCHLOSSEN VON DEM BEGNADIGUNGSRECHT KEINEN GEBRAUCH ZU MACHEN

SONDERN DER GERECHTIGKEIT FREIEN LAUF ZU LASSEN / BERLIN, DEN 23. MÄRZ 1935 AUF GEHEIMHALTUNG ALLER VORBEREITUNGEN ZU DER HINRICHTUNG IST IN BESONDEREM MASSE BEDACHT ZU NEHMEN ES IST DARAUF ZU ACHTEN DASS DER KREIS DER PERSONEN DIE VON DER VERWENDUNG DES LEICHNAMS ZU WISSENSCHAFTLICHEN ZWECKEN KENNTNIS ERLANGEN NACH MÖGLICHKEITEN EINGESCHRÄNKT WIRD ÖFFENTLICHE ERÖRTERUNGEN DARÜBER SOLLTEN VERMIEDEN WERDEN AM TELEFON UND IM TELEGRAMM NUR DECKWORTE DIE VORNAHME DER HINRICHTUNG IST DEM SCHARFRICHTER KARL GRÖPLER AUS MAGDEBURG ZU ÜBERTRAGEN ES IST DABEI VORSORGE ZU TRAGEN DASS SCHREIBEN AN OBENGENANNTEN ÄUSSERLICH NICHT ALS AMTLICHE SCHREIBEN KENNTLICH SIND AUCH IST IN DER ANSCHRIFT DIE BEZEICHNUNG SCHARFRICHTER ZU VERMEIDEN AM 9. APRIL 1935 BEGEBEN SICH DER OBERSTAATSANWALT EIN JUSTIZINSPEKTOR DER STRAFANSTALTSMEDIZINALRAT UND EIN GERICHTSASSESOR 19 UHR IN DAS STRAFGEFÄNGNIS PLÖTZENSEE WO IHNEN 19.10 UHR DER VERURTEILTE EPSTEIN VORGEFÜHRT WIRD IHM WIRD ZUNÄCHST VOM OBERSTAATSANWALT DAS URTEIL DES SCHWURGERICHTS II BEIM LANDGERICHT BERLIN VOM 15. JUNI 1934 DURCH VERLESEN VERKÜNDET SODANN DER ERLASS DES REICHSKANZLERS VOM 23. MÄRZ 1935 (ER (MIT ZITTERNDEN HÄNDEN VON DENEN MAN GERADE DIE HANDSCHELLEN ABGENOMMEN HATTE) HATTE ER ÜBERHAUPT ZUGE-

HÖRT) HIERAUS WURDE DEM VERURTEILTEN ERÖFFNET DASS DIE VOLLSTRECKUNG DES URTEILS AM NÄCHSTEN TAG DEN 10. APRIL UM 6 UHR IM HOFRAUM DES STRAFGEFÄNGNISSES DURCH ENTHAUPTUNG ERFOLGEN WERDE OB ER NOCH ETWAS ANFÜHREN MÖCHTE JA, ICH MÖCHTE NOCH MEINE MUTTER SPRECHEN IHM WIRD ERÖFFNET DASS DIESEM WUNSCH NICHT ENTSPROCHEN WERDEN KANN DA EIN SOLCHER BESUCH SOWOHL FÜR IHN ALS FÜR DIE ANGEHÖRIGEN EINE QUAL BEDEUTE DIE BITTE NACH EINEM GEISTLICHEN ZUSPRUCH WIRD ENTSPROCHEN AM MONTAG EN 10. APRIL 1935 BETRITT MAN GEGEN 5 UHR 58 DEN ZUR VOLLSTRECKUNG DES URTEILS BESTIMMTEN RAUM DER RICHTBLOCK MIT DER BANK IST AUF DEM HOF DES GEFÄNGNISSES III HINTER DEM C-FLÜGEL IN EINEM ABGEDECKTEN RAUM AUFGESTELLT DER OBERSTAATSANWALT ERTEILT DEM SCHARFRICHTER DEN AUFTRAG ZUR VOLLSTRECKUNG WORAUF DER SCHARFRICHTER MIT SEINEN DREI GEHILFEN AUFSTELLUNG NIMMT VOR DEM RICHTBLOCK PUNKT 6 UHR WIRD DER VERURTEILTE EPSTEIN DIE HÄNDE AUF DEM RÜCKEN GEFESSELT VON ZWEI STRAFANSTALTSOBERWACHMEISTERN DOCH OHNE BEGLEITUNG EINES GEISTLICHEN DEM UNTERZEICHNETEN OBERSTAATSANWALT VORGEFÜHRT GLEICHZEITIG FÄNGT AM HAUPTVERWALTUNGSGEBÄUDE DER ANSTALT DAS ARMESÜNDEGLÖCKCHEN AN ZU LÄUTEN DER OBERSTAATSANWALT VERKÜNDET NOCHMALS DURCH VERLESEN DAS URTEIL VOM

14. JUNI 1934 WORAUF DER VERURTEILTE
DER EINEN GEBROCHENEN EINDRUCK MACHT
ZWEIMAL ÄUSSERT ICH BIN UNSCHULDIG
ICH BIN UNSCHULDIG NACH ERFOLGTER
VERKÜNDIGUNG DES URTEILS WIRD NOCH-
MALS DEM SCHARFRICHTER GRÖPLER AUS
MAGDEBURG DER AUFTRAG ZUR VOLLSTREC-
KUNG DES URTEILS ERTEILT WORAUF SEINE
GEHILFEN DIE POSITIONEN DER BEIDEN
STRAFANSTALTSOBERWACHMEISTER EIN-
NEHMEN UNTER FÜHRUNG DES SCHARFRICH-
TERS UND GELEITET VON DESSEN GEHILFEN
GEHT EPSTEIN RUHIG UND GEFASST ZUM
RICHTBLOCK AUF DEN ER OHNE DASS ER
DABEI WIDERSTAND LEISTET NACH ENTBLÖS-
SUNG DER SCHULTERN GELEGT WIRD MAN
DRÜCKT SEINEN KOPF AUF DEN BLOCK UND
IN DEMSELBEN AUGENBLICK WIRD DER ÜBER
DEN BLOCK GEDRÜCKTE KOPF MIT EINEM
EINZIGEN SCHLAG VOM RUMPF GETRENNT
UND IM NÄCHSTEN AUGENBLICK LEGEN DIE
GEHILFEN DES SCHARFRICHTERS DEN LEICH-
NAM IN DEN BIS DAHIN VERBORGEN GEHAL-
TENEN SARG UND MAN ÜBERGIBT IHM DEM
BEAUFTRAGTEN DES ANATOMISCH-BIOLOGI-
SCHEN INSTITUTS DER UNIVERSITÄT BERLIN
VOM ZEITPUNKT DER VORFÜHRUNG BIS ZUR
VERKÜNDIGUNG DES URTEILS DAUERTE ES
55 SEKUNDEN UND VON DER ÜBERGABE AN
DEN SCHARFRICHTER BIS ZUR VOLLSTRE-
CKUNG DES URTEILS 10 SEKUNDEN DAUER
DER GANZEN HANDLUNG 65 SEKUNDEN
DANACH KAM ZIEGLER AN DIE REIHE UND
6 UHR 6 MINUTEN UND 6 SEKUNDEN WAR DER
GESAMTE VOLLSTRECKUNGSAKT BEENDET

UND ICH HATTE AM 10. APRIL 1935 UHR FRÜH
IHRE VERFLUCHTE ANTWORT IN DEN HÄN-
DEN DASS MEIN JUNGE HINGERICHTET WAR…

RUSSISCHE LIEDER 41

1

das Wetter herrlich, / an dem Tag, an dem wir zum Bahnhof müssen, die Luft klar, / feiner Sprühregen, / und ich trete vor unser Haus auf den Bürgersteig, / atme die frische Luft, / lasse meine Haare, mein Gesicht, meine Bluse nass werden, / ich (warum soll gerade mir etwas zustoßen,) bin in ein paar Wochen, ein paar Monaten wieder zurück, / ich bin neunzehn Jahre alt und / warum soll gerade mir da draußen etwas zustoßen…

2

daß wir Mädchen keine Extrauniformen haben, / wir herumlaufen in Uniformen, die uns viel zu groß sind, viel zu schwer, / daß man sich nur wundert, / die in ihren Stiefeln, Stiefeln in Männergröße, / warum kippen die nicht um / kommen überhaupt einen Schritt vorwärts, / doch es gibt auch weder Watte noch Mull und nun / stell dir ein Mädchen vor an den Tagen, / an denen es der Mond fest in seinen Krallen hat, / du bist auf dem Rückmarsch bzw. Vormarsch und das heißt Nachtmärsche, / du aber hast bei jedem Schritt das Gefühl, / jemand reißt aus dir ein Stück Fleisch heraus und kuckst du dich hilfesuchend um, / dann siehst du nur Männer, Männer, Männer…

3

was es heißt, / aus brennenden Panzern Leute holen, / nicht, daß du es dabei jedesmal mit Schwerstverletzten zu tun hast und du / das Kunststück (und das ist bei den Turmschützen besonders schwierig) fertig bringen mußt, / durch eine Luke, / bei der schon unter normalen Bedingungen ein Einstieg schwierig ist, / Sergeanten, Unterleutnants nach oben zu hieven, / und nun geh bitte auch noch davon aus, da brennt nicht nur ein Panzer, / da brennen auch schon längst die Overalls von denen, die du retten sollst, / und wenn du da nicht aufpaßt und nicht schnell bist, / dann fangen auch gleich dein Rock, deine Strümpfe an zu brennen und / du ziehst dir Verbrennungen zu, / die es in sich haben, / denn schließlich mußt du ja Brennende aus brennenden Panzern holen …

MÄRKISCHES FRAGMENT 1945

auf so eine Idee können auch nur Russen kommen / Befehl 525: neben allen Taschenlampen, Radios, Landkarten, Schreibmaschinen, sind auch alle Rasiermesser abzuliefern, / Ich will mein Rasierzeug wiederhaben! / Ich will mein Rasierzeug wiederhaben, / sonst dauert's keine drei Wochen / und ich sehe aus wie Karl Marx, / wie Karl Marx …

BERICHT F. M.s

durch die Zeitung war bekannt geworden, / das Luftschiff Zeppelin II würde am 27. August 1909 in Bitterfeld eintreffen, / so fuhr ich also am 27. August vormittags 4.12 Uhr ab Bahnhof Berga-Kelbra / und kam 7.05 Uhr in Bitterfeld an, / im Abteil wurde ich noch bekannt mit dem Klempnermeister Windfeger aus Eisleben und dessen Sohn, / sofort nach Ankunft unseres Zuges begaben wir uns zum vorgesehen Landeplatz, / dort warteten wir von einer Zeit zur anderen, bis es Abend wurde, / der Zeppelin kam aber nicht, / da alle Gasthäuser besetzt waren, / übernachteten wir bei einem Uhrmachermeister, / am anderen Tag ging es wieder zeitig hinaus zum Landeplatz, / wo inzwischen schon mehrere tausend Menschen eingetroffen waren, / nach langem, langem Warten sah ich kurz nach 6 Uhr abends das Luftschiff, / unter brausendem Jubel landete es dann 6.25 Uhr, / es wurde angeseilt und schwebte 2 Meter über der Erde, / gleichzeitig mit dem Luftschiff trafen im Automobil judiZeppelin und der Kronprinz ein, / als das Luftschiff gelandet war / durchbrach die Menschenmasse (wohl an die 10.000) die gezogenen Leinen und Postenketten / und stürmte unter Hurrarufen drauf los, das Luftschiff aus der Nähe anzusehen, / und dem Grafen Zeppelin die Huldigung darzubringen, / es erfolgte ein Hurrarufen auf das andere, / die Hymne auf unseren Kaiser wurde gesungen / und wieder und wieder ging das Hurrarufen los, / bis sich endlich auf Veranlassung des Grafen die Volksmasse nach und nach beruhigte, / Graf Zeppelin dankte und bat, weil er sehr angegriffen sei, / mögen sich die Leute doch nun zurückziehen, / das ging freilich sehr langsam, / aber nach einer halben Stunde war der Platz in der Nähe des Luftschiffs so ziemlich frei, / am selben Tag fuhr ich wieder zurück nach Berga, / doch ohne meine Reisegefährten, / bei den Sturmläufen waren wir von einander gekommen …

BERICHT HEINZ R.s

im Sommer 45 zog / auch bei uns die Rote Armee ein, / im Dorf blieben acht Rotarmisten, / die man im Hertzerischen Gutshaus einquartierte, / dann im September kamen ins Dorf zwei Herden Schafe und zwei Herden Kühe, / die anfangs betreut wurden von zwei Schäfern aus Heringen, / aber auch wir Jungens des Dorfes mußten bald mit anfassen, / d.h. jeden Morgen kam ein Rotarmist in die Schule, / später erfuhren wir auch seinen Namen, / er hieß Nikolai und sprach perfekt deutsch, / Nikolai kam jeden Morgen in die Schule und verlangte von unserem Lehrer, / daß er zehn von uns Jungens vom Unterricht freigab, / damit wir die Herden auf den Koppeln in Brücken, Martinsrieth und Hackpfüffel hüteten, / am Nachmittag ging es dann zurück in den Stall, / wo die Kühe von Frauen gemolken wurden, / später, als die Koppeln abgehütet waren, / bekamen die Kühe als Futter Rüben, / aber die waren im Februar 46 verfüttert, / doch danach brachte man die Herde keineswegs zurück auf die Koppel, / als man uns diesmal, es war ein sehr kalter Februartag, aus der Schule holte, / hieß es, wir Jungens hätten die Herde zusammen mit vier Rotarmisten zunächst nach Wallhausen, / und von dort weiter nach Sangerhausen zu bringen, / unserem Zug schlossen sich zwölf Pferdegespanne aus Tilleda an, / mit Heu und Futterrüben für die Kühe, / an der Spitze des Zuges ging ein Soldat mit Akkordeon, / auf dem er ununterbrochen spielte, / als wir dann in Sangerhausen ankamen, hieß es aber, / wir müssen weiter … / (und wie da gekuckt wurde, als wir mit unserer Herde vorbeizogen …) / aber dann angekommen in Riestedt, sagte man uns, / wir müßten die Herde bis nach Halle bringen … / und dann wurde es noch schlimmer, / einer von uns Jungens wurde von einem Hund gebissen / und der Riestedter Arzt lehnte die Behandlung des Jungen zunächst einmal ab, / bis schließlich einer der Rotarmisten selber zum Arzt ging und … / ein anderer Rotarmist sorgte in Riestedt auch dafür, / daß wir Jungens ohne Marken beim Bäcker Brötchen erhielten, / wir Jungens hatten aber noch immer Hunger und nutzten den Aufenthalt, / um im Dorf betteln zu gehen … / in Emseloh war dann unsere Tagestour beendet und wir fragten den Offizier, / ob wir wirklich bis nach Halle mit müßten, / ob wir nicht nach Hause gehen dürften, / „Bringt mir zehn andere Jungens, / dann dürft ihr gehen … " / das war seine Antwort, / so ging einer von den Rotarmisten zum Bürgermeister und am nächsten Morgen / waren tatsächlich zehn Jungens aus Emseloh da und wir durften gehen, / zurück nach Hause ging es auf einem der Gespanne, / dessen Ladung man inzwischen verfüttert hatte, / und das waren die Worte, mit denen man uns zu Hause empfing: „Wo seid ihr denn die ganze Zeit gewesen, / wo seid ihr denn die ganze Zeit gewesen … !"

RUSSISCH MAI 45

WASSJA, WASSJA, ON USCHE FNUTRÜ! WASSJA ON USCHE FNUTRÜ! / („Wassja, Wassja, hast'n drinne! Wassja, hast'n drinne!") / WASSJA, WASSJA, DEI MNE DOSCHE! WASSJA, DEI MNE DOSCHE! / („Wassja, Wassja, laß mich auch 'mal ran! Wassja, laß mich auch 'mal ran!") / DAWEI GOLUBUSCHKA, TJEPER BUDJET DTRACH! DAWEI GOLUBUSCHKA TJEPER BUDJET TRACH! / („Komm schon, Täubchen, jetzt wird gefickt! Komm schon, Täubchen, jetzt wird gefickt!") / ETA PADALJ SNTSCHALA F MORDY CHOSCHET! („Das Aas, die will erst eine in die Fresse haben!") / NA JA JE ETSCHE DOBEDU DO TOWO, GOSNOSCHA MNE ETSCHO CHUI OTSORET! („Aber ich bringe das Fräulein noch dazu, die leckt mir noch den Schwanz!") / RASCCHLJABANNAJA PISDA! RASCCHLJABANNAJA PISDA! / („Ausgeleierte Fotze! Ausgeleierte Fotze!") / NY KAK EZO TEBJE NATSCHAL, NA FKUS! / („Und wie schmeckt Dir das, Du Aas!") / CO, U ONA ETSCHO SOPROTIFLJAJETSA! U ETSCHO SOPROTIFLJAJETSA! / („So, und jetzt wird sich nicht mehr gewehrt! Jetzt wird sich nicht mehr gewehrt!") ( ) ( )

EINE EPISODE AUS DEM SIEBENJÄHRIGEN KRIEG

am Nachmittag, den 5. Mai 1762, / kommen unter Führung eines Hauptmanns 24 preußische Jäger / von Hainrode her durch die Hirtengasse in Questenberg an und legen hier eine Rast ein, / dabei stellt der Hauptmann fest, daß sein Pferd hinkt und da er in seinem Diener den dafür Schuldigen vermutet, / schlägt er mit dem Säbel unbarmherzig auf diesen ein, / der unter diesen Hieben aus vollem Hals schreit, / während dessen dringen sechs der Jäger in das Haus des Oberförsters ein und / da dieser nicht anwesend ist und seine Frau krank m Bett liegt, / stehlen die Jäger zwei von den Jagdbüchsen des Oberförsters und ziehen wieder ab, / als der Förster kurz danach nach Hause kommt, bemerkt er den Diebstahl, / sucht den Hauptmann im Gasthaus auf und erhält von diesem eine von den Büchsen zurück, / unterdessen versuchen die Preußen den Sohn und Schwiegersohn des Fleischermeisters (beide sind die Musikanten der Harzgeröder Bergleute) anzuwerben, / beiden gelingt allerdings die Flucht, / so führen die Preußen den Vater mit sich fort, / da es den Jägern nicht gelingt, für ihren Troß einen Vorspann zu bekommen, / muß der Schulze des Ortes zwölf Taler zahlen, / später zwingen sie Bauern aus Großleinungen / mit ihren Pferden den Troß nach Agnesdorf zu fahren, / nachdem die Preußen abgezogen sind, kommt ein Bettler ins Dorf, / bittet um Almosen und zieht weiter, / auf der Hohlstedter Höhe trifft der auf eine Gruppe französischer Soldaten, / denen erzählt er, was in Questenberg passiert war, / daraufhin reiten dreißig von den Franzosen den Preußen sofort hinterher / und stellen sie in Agnesdorf auf dem Hof der von Linsingen, / hier kommt es zu einem kurzen Gefecht, / bei dem es drei Verwundete gibt, / (einer von ihnen ist der Hauptmann, der später in Borxleben an seiner Verwundung stirbt) / zwölf von den Preußen werden gefangen genommen, / der Fleischermeister darf nach Hause zurückkehren, /

der Besitzer des Hofs, Major Adolph Ernst von Linsingen, weilt an diesem Nachmittag in Roßla im gräflichen Schloß, / da die Preußen aber in ihm den Verräter vermuten, / trifft in der folgenden Nacht Rache suchend aus Aschersleben kommend der Bruder des schwer verwundeten Hauptmanns in Agnesdorf ein, / dringt in das Haus der von Linsingen ein, / nimmt den Hausherren gefangen und erbeutet goldene und silberne Uhren, Wäsche und sechs Pferde, / in Aschersleben kann aber von Linsingen seine Unschuld nachweisen / und erhält die Uhren und Wäsche zurück ...

HENRY H.
(MOGILEW, DEN 12.10.1941)

eigentlich scheint es noch ganz hell zu sein, / doch kuckt man genauer hin, da sieht man sie, / die Dämmerung (wie sie aus den Poren dieser etwas übertriebenen Helligkeit strömt, / sich über dem Weiß der Landschaft ausbreitet), / am Stadtrand (dort, wo die Straße hinausgeht zu den Äckern und Dörfern), / sammeln sich die Gespanne und kleineren Kutschen, / ich sitze auf einer Kutsche auf dem Bock, / es geht los, wir rollen, / neben mir auf dem Bock ein Pole mit einer hohen Pelzmütze, / da tauchen rechts auf einem der grauen Hügel zwei schwarze gleitende Striche auf, / folgen unserem Wagen, / jetzt sieht sie auch der Kutscher und dreht sich immer wieder beunruhigt um, / die Striche kommen näher, / (ein dritter, ein vierter tauchen auf) / gleiten, springen, / und auch das Pferd wird jetzt immer schneller, / (es herrscht nun fast völlige Dunkelheit), / unsere unheimlichen Gäste, / jetzt sind sie ganz dicht, / (große Hunde, die unser Fuhrwerk umkreisen), / wie rasend treibt der Pole jetzt die Pferde an, / da stößt einer der Schatten ein kurzes, röchelndes Bellen aus, / (das bald übergeht in Jaulen), / das sind keine Hunde, das sind …, / da schüttelt der Wagen, das Pferd strauchelt, / (einer der Schatten hatte einen Sprung gewagt, / war aber zurückgefallen), / schon wieder schnellt ein Wolf in die Flanken des Pferdes, / ich sehe nun überhaupt nichts mehr, / fasse nach meinem Seitengewehr, / wie ich es herausreiße, schwankt der Wagen, / macht Sprünge, wird durchgeschüttelt, / das Pferd, (halbtoll) hatte die Straße verlassen, / stürmt nun über gefrorene Saat zu auf die Eisfläche des großen Sees, / den Wagen hinter sich herschleifend, / der schleudert, springt, stürzt, / wird fortgerissen …

HEINZ EUGEN E.
(COCKFOSTERS, DEN 28.8.1944)

an dem einen Abend sprach ich mal mit Himmler, /
er hatte einen Vortrag gehalten und setzte sich abends
zu uns an den Tisch, / da habe ich ihm gesagt, / ich könne
nicht verstehen, daß man gegen die Juden generell / in
so unmenschlicher Weise vorgeht, / das war etwas riskant,
aber Himmler konnte man so etwas sagen, / er hat erwi-
dert, ich solle mir doch einmal vergegenwärtigen, / wie
die Situation wäre, säßen heute bei der Bombardierung /
in allen großen Städten noch die Juden, / es wäre doch
ganz klar, daß durch Ausstreuen von Gerüchten, durch
Hetze gegen die Regierung, / die jetzige anständige
Haltung der Bevölkerung mit ziemlicher Sicherheit nicht
mehr da wäre, / das mußte ich zu einem gewissen Grad
gelten lassen …

BERICHT BERNHARD R.
(COCKFOSTERS, DEN 16.10.1944)

mir war befohlen, / ich soll mich bei Hermann Göring melden, / und jetzt komme ich da an - / wer nicht da ist, ist der Reichsmarschall / („Wo ist er denn?" – „In Karinhall") / Karinhall, das ist das Prachtschloß, das größte deutsche Kunstmuseum, das es zur Zeit gibt, / das liegt in der Schorfheide, / dort komme ich 12 Uhr hin, / doch von Brauchitsch, sein Adjudant, sagt mir, / am Tag vorher wäre eine stürmische Sitzung gewesen über das Jägertum, / und auf dieser Sitzung wäre die Milch sauer geworden, / Milch, das ist der Feldmarschall Ehrhard Milch, der Generalinspekteur der Luftwaffe, / dessen Stellung wäre erschüttert worden, / die Sitzung soll fünf Stunden gedauert haben, / Hermann hätte getobt und gewütet, / infolgedessen hätte er um 12 Uhr mittags noch nicht ausgeschlafen, / meine Audienz, die würde man auf fünf Uhr nachmittags verschieben, / infolgedessen bin ich also durch den wunderschönen Wald gegangen, / habe mir da alles angesehen, / auch die ganze 2-cm-Flak-Kompanie, die da zum Schutz aufgebaut war, / und die Bunker, die da überall in den Wald gebaut waren, / und die jungen Soldaten, die da auf den Asphalttrassen das Laub wegfegten, / habe dann in einem Waldkasino ein gutes Mittagessen gegessen, / das war an so einem kleinen See gebaut, / war also ganz nett, / ein kleines Kasino für den Luftwaffenbaustab, der Karinhall aufgebaut hat, / kurz und gut, schließlich bin ich um fünf Uhr wieder da, / kriege im Vorzimmer von von Brauchitsch Tee und kleine Schnittchen, / inzwischen ist es gegen sieben und es heißt, / Sie kommen später dran, die Kunstexperten sind da, / die Kunstexperten, die ihm, / aus allen Ecken und Enden irgendwie einen neuen Gobelin, / ein neues Bild, / eine neue Plastik oder ein neues Ölgemälde zusammengesucht haben, / die den ganzen Tag, morgens, mittags, abends / und ihm alles vorführen, / also hatte ich eine Stinkwut, / ich war ja mit meiner Fallschirmbuchse feldmäßig angezogen, / doch nun endlich werde ich gebeten, / und das war so, / ich kam da so herein und da war ein langer Bibliothekssaal, / vielleicht 18 m lang, / und an den Seiten hin alles voller Tische, / da eine Sitzecke, / da eine Leseecke, / da wieder Bücherstände, / da wieder so ein riesengroßes Ölbild, / während ich also da hereinkomme, kommt durch die andere Tür ganz leise, ganz vorsichtig wie ein Diener – Loerzer, / Loerzer, der so dumm ist, daß ihn die Gänse beißen. / Loerzer, der jetzt „Chef für die personelle Aufrüstung und nationale Erziehung der Luftwaffe" ist, mit dem Rang eines Generaloberst, / im Übrigen ist der zu faul, seinen eigenen Namen zu schreiben, / und dann kucke ich und da spielen zwei Mädchen, die Karin und ihre Freundin, / und dann sehe ich da eine erleuchtete Lampe und einen Sitz, / und da sitzt dann jemand und ich melde: / „Generalleutnant Ramcke, Kommandeur der zweiten Fallschirmjägerdivision / meldet sich gehorsamst zur Stelle und wieder zum Dienst!" / und da erhebt sich unter der etwas rosig abgeschirmten Lampe eine Gestalt, / kommt mit einem Lesebuch, einem Brevier, so in rotem Samt gebunden, / mit Goldschnitt und einem wunderschönen Ex Libris, das da hereingelegt war, / kommt vom Sessel aus auf mich zu und ich denke: / „Ist das nun Nero II. oder ein chinesischer Mandarin?" / Hermann steht da in einem Mantel, der ihm bis zu den Knöcheln reicht, / ein weiter, fülliger Mantel aus seidenem Plüschgrün mit aufgedruckten Goldemblemen, / an den Ärmeln mit vielen Falten gerafft, / und zusammengebunden mit einem goldenen Gürtel, / und überall hingen an ihm goldene Quasten herunter, / die Füße in seidenen Strümpfen und in Lackpumps / das Haar onduliert, in Wellen schräg über die Glatze, / also die Fingerabdrücke vom Friseur konnte man da noch deutlich sehen, / das Gesicht rosig, voller Öl / an jeder Hand mindestens zwei, wenn nicht gar drei

Ringe, / und es strömte einem der Wohlgeruch des ganzen Orients und Okzidents entgegen, / „Na, Ramcke, wie geht's?“ / und damit sackte er wieder zurück in seinen großen Sessel, / nimmt nun nochmals mit so müder, lässiger, nonchalanter Handbewegung da das kleine Buch, / guckt noch mal hinein, wie weit er gelesen hat, / ich nehme indessen Platz in einem der Sessel, / Loerser, der sich inzwischen auch gesetzt hatte, / sitzt die ganze Zeit, also ungefähr eine Stunde, nur auf der Stuhlkante, / doch nun geht‘s los, nun gucke ich mir ihn noch einmal näher an und denke: / „Mensch, Hermann, dieser Mantel kommt mir doch irgendwie bekannt vor. Den habe ich doch zu Hause auf der Stehlampe.“ / das war es – und da mußte ich natürlich doch grinsen: / „Mensch, Hermann, ich weiß genau, / wo du diesen Seidenmantel herhast!“ / das war in Taormina, / da hatte das Fliegerkorps und anschließend die Luftflotte 2, Loerzer, ihr Quartier aufgeschlagen, / dieses Taormina ist eine alte Burg aus der Hohenstaufenzeit, ursprünglich, / das ehemalige Kloster dort, das noch instande ist, war umgewandelt worden zu einem erstklassigen Fremdenindustriehotel, Hotel Domenico, / und dieses Hotel war einmal das beliebteste Ausflugsziel von allen Amerikanern, / die sich dort in der Sonne europäischer Kultur usw. baden wollten, / und dort wurden sie von geschäftstüchtigen Italienern mit neuesten Garderoben alteuropäischen Stils usw. versehen, / diese Konjunktur ausnutzend hatte sich dort in diesem äh … äh … äh … Taormina auch ein Arschfi ckerpaar ansiedlich gemacht, / ein deutsches, der eine war so ein Kunstmaler, / der andere so ein Kostümentwerfer, / und die hatten in der Stadt so ein Geschäft, / und dort habe ich mir einen Lampenschirm erworben, / der ist so auf Seide aufgedruckt, / dann auf eine Art Pergament aufgeklebt, / wenn dann Licht durchleuchtet, sieht das sehr hübsch aus, / hier sind Schiffe drauf, / dann ist da rundherum ein stilisierter Baum, / dann ein Kaiser oder König, hoch zur Ross, / auf der Hand den Falken, / dann noch ein Falkner, / drumherum ein paar Edelfrauen, / und das wiederholt sich immer wieder, / und dieses Ensemble, / das ich zu Hause auf der Lampe habe, / das hatte Hermann bis unten herunter…

UNRUHE UM EINEN FRIEDFERTIGEN (NACH O. M. GRAF)

Wiesen … Wiesen … diese Wiesen … (und wie schön es auf denen blüht!) … und bei den Feldern reicht ein Blick, und du siehst, da wächst im Sommer etwas heran … und kann ein Dorf unschuldiger, friedlicher mit seiner Kirchturmspitze, seinen ersten Häusern hinter einem Hügel hervorlugen, wie das da vor ihnen! und da sagt ja auch schon seine Frau, die Kathi, (was jeder sagen würde, wenn er wie sie nach einer Stunde Weg vom Bahnhof (o ja, die Apfelbäume links rechts der Straße, die haben ihnen das Gehen schon etwas leichter gemacht) stehen bleiben und etwas verschnaufen kann): JA, SOWAS SCHÖNES! KUCK NUR, JULIUS, DIE VIELEN BLUMEN!, aber er („Der Junge soll aufhören, in den Wiesen herumzulaufen, so etwas haben die Bauern gar nicht gern!): ( ) ( ) und kuckt sich um WO IST DENN NUN DAS HAUS, DAS HÄUSCHEN, DAS IN DER ZEITUNG INSERIERT WAR … IST ES ETWA DAS DA DRÜBEN AM ENDE DES DORFES, WO DIE STRASSE BEREITS ANFÄNGT ABSCHÜSSIG ZU WERDEN … DIE FENSTERLÄDEN SIND GESCHLOSSEN, UND LANGE WIRD ES NICHT MEHR DAUERN, DA STEHT DA KEIN ZAUN MEHR, ABER IMMER HIN … und da ruft er „Kathi, Kathi, unser Haus hat sogar ein Gärtchen! Kathi Kathi,! (ER KUCKT DOCH IMMER NUR DORTHIN, WO ER ETWAS WILL … ER HAT SICH DA NOCH NIE GETÄUSCHT „LUFTVERÄNDERUNG!", HATTE DER ARZT GESAGT, „HERR KRAUS IHRE FRAU BRAUCHT LUFTVERÄNDE RUNG, MÖGLICHST LANDLUFT, DAS IST DAS BESTE GEGEN IHREN DAUERHUSTEN) und hat er Glück … hat der Schuster Kraus Glück … Kraus, der Schuster hat Glück … zu ihm müssen die Leute ihre Schuhe bringen, denn weit und breit gibt es keinen anderen Schuster … und er arbeitet ja auch solide … die Schuhe, die man von ihm bekommt, passen, und was von ihm geflickt und besohlt wurde, hält! Und Münchnerisches hat er überhaupt nicht! „Da kann ich ihnen leider nicht weiterhelfen", gibts bei ihm nicht! Und außerdem ist er auch noch billiger als der Amdorfer Schuster... aber wo kommen die überhaupt her... kommen da welche daher und wollen ansässig werden, da werden (aber man glaube ja nicht, daß die das nicht merken) die Nasen lang gemacht, da wird beschnüffelt... „Grundfleißig ist sie ja, die Schusterin, hält das Haus sauber, wäscht, was da gewaschen werden muß, kümmert sich um ihren Garten und was sie brauchen, holt sie sich beim Stelzinger und wie ihr Mann hält auch sie sich raus aus den Angelegenheiten anderer Leute, aber das fällt schon auf, ihre Fußböden putzt sie nicht wie alle am Sonnabend, sondern am Freitag, und immer nur freitags geht sie mit ihrem Einkaufskorb rüber nach Amdorf und abends riecht es dann bei denen nach Fisch, und habt ihr auch gesehen, wie sie dann Freitagabends in ihrer Küche vereint am Tisch sitzen und auf dem Tisch brennen zwei Kerzen", aber der Bürgermeister, der weiß Bescheid: „Die kommen aus dem Österreichischen, und die Frau, die der Schuster jetzt hat, ist seine zweite, und ihr Junge, ist noch aus der ersten Ehe" und der Junge, sein Junge, dunkle Augen wie der Vater hat er ja, doch dann diese roten Haare! Und läßt er sich auch schon einmal anders als sein Vater mit anderen ein und gehts dabei hart auf hart zu, schreckt er vor nichts zurück, aber wenn es dann doch ihn hin und wieder trifft und er dem Vater etwas vorheult, da bleibt der hart („Du saudummer Esel, du mußt es ja auch darauf ankommen lassen... Hör damit auf, oder ich laß dich nicht mehr aus dem Haus!") Und wird die Krausen deswegen immer kränkelnder und das mit ihrer Lunge nicht besser, weil der Junge, hochaufgeschossen und fast einen Kopf größer als der Vater, dem Vater, fragt der ihn „Und was willst du denn nun werden! Was stellst du dir eigentlich vor! Und hast du dir eigentlich schon Gedanken gemacht! Du mußt doch ... Du kannst doch nicht weiterhin ... !" nie eine Antwort gibt! Und soll er dann wirklich einmal dem Vater in der Werkstatt helfen, da ... da ... da ..., also Schuster wird der Junge nicht! ... und sie immer öfter dazwischen gehen muß, wenn die beiden wieder ... Und dann tritt auch noch, ohne daß er sich vorher angemeldet hat, Ampletzer, der Drogeriebesitzer aus Amdorf zu ihm in die Werkstatt („Euer Hans, ich habe ihn ja als Lehrling genommen, aber will der überhaupt Drogist werden? Ich habe da so meine Zweifel. Einer, der sich wie er nachts in schlechter Gesellschaft rumtreibt, was will der überhaupt ...") und so wird noch am selben Nachmittag im Lagerraum der Drogerie Ampletzer in Amdorf herumgeschrien („Wo hast du überhaupt das Geld her, du Nichtsnutziger!") und Schläge prasseln auf den ellenlangen Kerl nieder („Wo hast überhaupt das Geld her, du Galgenstrick!") – „Von dir jedenfalls nicht!") und weg ist er, der Herr Sohn, weit offen steht die Tür des Lagerraums ... aber wo bleibt denn nun der Junge, als sich tags darauf die Krausen für immer verabschiedet, und will er denn, als in Auffing das Totenglöcklein läutet, seinen Vater ganz allein vor dieser Grube stehen lassen, von der er seinen Blick nicht losbekommt, keine Träne fließt, nur hin und wieder bewegt sich ein ganz klein wenig sein Kinn und dabei erzittern die Spitzen seines Schnurrbarts, doch drüben am Eingang des Friedhofs erscheint kein Sohn, der seinen Vater ... oder stimmt es, („Aber das erzähl auf keinem Fall dem Kraus!") was die behaupten, die an diesem Nachmittag nicht mit auf der Beerdigung waren, das war doch der Hans, der an diesem Nachmittag hinter den Fenstern des Schusterhauses zu sehen war und so sitzt der wieder, kaum, daß er vom Friedhof zurück gekommen war, am Fenster auf seinem Schusterschemel und erledigt, was erledigt werden muß.

WO IST DENN DEIN JUNGE, IST DEIN JUNGE NICHT BEI DIR? (diesmal war der Ampletzer mit dem Fahrrad gekommen) „Mir hat er gesagt, seine Mutter ist gestorben er muß heim, weiß nicht, wann er zurückkommt.“ – „Ampletzer, fehlt dir etwas?“ – „Nein, nein, gestohlen hat er nichts. Aber sei ruhig, da er nichts hat, kommt er auch zurück. Der Hunger wird ihn schon heimtreiben.“ – „Besser man läßt so was laufen“, diesmal wird der Besuch von Kraus nicht bis zur Tür gebracht, diesmal bleibt Kraus auf seinem Schemel sitzen, kuckt nicht einmal durchs Fenster dem Ampletzer nach, wie der sich auf sein Rad schwingt, wieder abhaut, diesmal sitzt er da … sitzt er da … doch dann … doch dann legt er doch, was er in den Händen hält, beiseite, diesmal steht er auf, geht zum Fenster, kuckt, draußen fängt es bereits an dunkel zu werden, drüben bei den Nachbarn geht im Stall das Licht an und er steigt von dem Podest, auf dem sein Schusterschemel steht und geht nach oben in ihr Schlafzimmer, geht auch dort als erstes zum Fenster und … „Na, na, na sieht nicht doch jemand, wie ich jetzt zum Kleiderkasten gehe, den aufschließe und ein lumpiges Knäuel zu tage fördere! O, wie jetzt, da er dabei ist, den Knoten des Knäuels zu lösen, seine Hände zittern! Und was ist das überhaupt für ein Kästchen, das da zum Vorschein kommt, das er jetzt aufklappt und … und … und … was hatte er denn nun, als er das Kästchen aufgeklappt hatte, gesehen, daß er … oder hatte er, als das Kästchen offen war und er etwas sehen wollte, nur gesehen, daß es da nichts zu sehen gibt, daß er ( ) STÖHNEN, ÄCHZEN, VERZWEIFLUNG, RUFE (ES IST AUS! ES IST AUS! JETZT KOMMT ER NICHT MEHR ZURÜCK!) UND WARUM, KRAUS, UNTERNIMMST DU EIGENTLICH NICHTS DEINEN SOHN AUSFINDIG ZU MACHEN. SOHN BLEIBT DOCH SOHN sie, die nach dem Hochamt in der Postwirtschaft ihr Bier trinken, machen sich schon ihre Gedanken und es ist der Bürgermeister, der zu ihm an den Tisch tritt und ihn zur Rede stellt („Kraus, so junge Kerle, die denken doch nicht… immerhin, und wenn dem Jungen etwas passiert ist… Warst du schon bei der Polizei, und hast dort nachgefragt, ob man da etwas weiß?“) – „Ich bei der Polizei“, (da kann er nur eine wegwerfende Handbewegung machen) „Laß ich mich ein mit diesem A-bopa.“ – „A-bopa, was ist denn das? Kraus, was meinst du damit?“ (nun wird es in der Postwirtschaft doch still und alle Augen richten sich auf ihn) – „A-bopa, mein Gott, das ist irgend so ein Wort, ich habs irgendwo einmal gehört, aber auch nicht verstanden, was damit gemeint ist. Für mich ist A-bopa… “ – „A-bopa… A-bopa, Kraus meinst du damit auch die Postkarte mit den vielen, vielen Wolkenkratzern, die du eines Tages in deinem Briefkasten gefunden hast BIN IN NEW YORK, VON MIR WIRST DU NIE WIEDER ETWAS HÖREN. DEIN SOHN HANS… A-bopa… A-bopa… Kraus, meinst du damit auch die Garchinger Kirchenglocken, die wie verrückt läuteten an diesem Vormittag, als mit Birkenzweigen geschmückte Leiterwagen vor der Postwirtschaft darauf warten, daß die Jungens, die Jungens, die Tage zuvor ihren Einberufungsbefehl erhalten hatten, auf sie klettern und dann knallt der Kutscher mit seiner Peitsche und los gehts zum Bahnhof in Amdorf und von dort weiter nach Tannenberg, Verdun, in das Tal der Somme… A-bopa – A-bopa… Kraus, meinst auch damit die Frauen, die jungen Mädchen, die Kinder, die noch eine ganze Weile neben diesen Leiterwagen hergelaufen sind, dann hinterm Dorf stehengeblieben sind, gewinkt und zugeguckt haben, wie der Troß drüben im Garchinger Forst verschwand… A-bopa… A-bopa… Kraus, meinst du damit auch, daß bald immer öfter der Pfarrer aus Garching kommen muß, eine schlimme Nachricht zu überbringen…

A-bopa … A-bopa … Kraus, meinst du damit, daß nun auch die Zweiunddreißigjährigen, die Dreiunddreißigjährigen, die Vierunddreißigjährigen, die Fünfunddreißigjährigen sich bald zwecks Einberufung am Bahnhof in Amdorf einzufinden haben … A-bopa … A-bopa … Kraus, meinst du damit auch, daß man jetzt draußen auf der Flur den Feldern nur noch alte Frauen und junge Frauen sieht, die die Feldarbeit erledigen … A-bopa … A … bopa, Kraus meinst du damit auch, daß dir in der Amdorfer Verteilerstelle kein Leder mehr zugeteilt wird und du mit dem Rucksack manchmal tagelang unterwegs bist, um irgendwo einen zerfetzten Treibriemen, die Reste von einem Ledergürtel, das, was von einem Pferdegeschirr übriggebliebene ist, zu finden, um damit notdürftig deine Reparaturen zu erledigen … A-bopa … A-bopa!" Es ist Krieg! Es ist Krieg, doch unser Held sitzt auch an diesem Sonntag in der Postwirtschaft bei seinem Bier und wenn er sich auch nicht entgehen läßt, wie da vor ihm im Bierschaum diese Fliege um ihr Leben kämpft, so als gäbe es da im Bier ein rettendes Ufer, mit ihren Beinchen strampelt und strampelt und strampelt, hört er doch, was nebenan an den Nachbartischen (Diese grauen Gesichter! Diese grauen, kurzen Stachelhaare! Diese Joppen, Westen, die an ihnen herunterhängen! Ja, die wurden maßgeschneidert in besseren Zeiten! Diese verhedderten, grauen Schnurrbärte und darunter diese blauen Unterlippen, die wie bei ganz alten Greisen, bei jeder Bewegung zittern! Und wenn einer von ihnen sich schon einmal zu Wort meldet, fuchtelt er mit seinen langen Armen in der Luft herum, als gäbe es da etwas zu fassen) so geredet wird (KRIEG MIT DEN FRANZOSEN UND DEN RUSSEN WEISS MAN DENN, WER DA NOCH HEIMKOMMT JESUS, BEI TANNENBERG! DA IST DOCH AUCH MEIN XAVERL, WENN IHM BLOSS NICHTS PASSIERT IST, BIS DIESER

SCHWINDEL AUS IST, ERLEBEN WIR ALLE NIMMER! DIE JUNGEN SCHIESSEN SIE IM FELD DRAUSSEN WEG UND WIR DAHEIM STERBEN AM SCHWUND. DIE, WO DEN KRIEG GEMACHT HABEN, DIE SOLLTEN VOR EINEN HEUWAGEN GESPANNT WERDEN UND TRAPP, TRAPP, TRAPP, HETZEN SOLLTE MAN SIE, BIS SIE KAPUTTGEHEN, WENN ES NUR GRAD EINMAL EIN ENDE GÄB MIT DEM ELEND, HAT DER KAISER NICHT GESAGT, WENN DAS LAUB VON DEN BÄUMEN FÄLLT, BRINGT UNSER ENDSIEG DEN FRIEDEN WIR WENN'S GUT GEHT KÖNNEN NUR NOCH ÜBERLEBEN ÜBERLEBEN ÜBERLEBEN) und er… aber was flüstert er später (nach den zwei Bier) und dann wurde in der Postwirtschaf (als Kraus mit seinen Fingerspitzen die Fliege aus dem Bierglas gehoben und sie (IST DOCH AUCH FLEISCH! HEUTZUTAGE DARF MAN KEINEN BISSEN LIEGEN LASSEN) sich in den Mund geschoben hatte) doch noch gelacht oben in ihrem Schlafzimmer (und wer sind eigentlich die beiden da auf dieser Fotografie, die in der unterste Leiste seines Spiegels klemmt, (Lazarus Lipsky, Photographie und Kunstatelier, und das in goldig-glänzenden Buchstaben, die sich Kringel an Kringel reihen, kann man unter diesem Foto entziffern) dieser etwa vierzigjährige Mann mit diesem riesigen dunklen Haarschopf und den nicht minder dunklen Augen, die keineswegs bang in die Welt kucken, und neben ihm diese Frau mit großen schönen Augen, die sich das Haar in so einem beeindruckenden Zopf um den Kopf gelegt hat, die ihn nicht aus den Augen lassen, als er oben in ihrem Schlafzimmer sich seines verschwitzten Hemdes entledigt, leise vor sich hin… hörte sich das etwa an wie „überleben… über… leben… über… leben… über… leben“, aber wo war er eigentlich an diesem Freitagnachmittag, an dem nach dem Begräbnis des Bürgermeisters, da war es noch gar nicht so lange her, daß Stelzinger immer wieder ohne Zeitungen, ohne Briefe von Amdorf zurückgekommen war („Keine postalischen Sendungen heute … Es ist nichts da … Wahrscheinlich eine Verkehrsstörung!), doch dann kann er Neuigkeiten verkünden: „Soviel ich in Amdorf erfahren habe, wird in der Stadt drinnen gestreikt („Vielleicht mögen die Leute überhaupt nichts mehr tun, weil ihnen ganz einfach die ganze Kriegsführung zuwider ist!“, stichelte da Kugler, bevor er sein Gläschen Kornschnaps in sich hineinschüttete) doch Tage, nachdem Jodl in der Postwirtschaft verkündet „Heißen tut's, der Kaiser und den Hindenburg, die haben nichts mehr zu reden!“ („So? … Ja, wer regiert denn dann jetzt?“ – „Regieren? Es soll schon soweit sein, daß jeder macht, was er will!“ – „Geh, was du da nicht alles daherbringst, ich hab'noch nichts in der Zeitung gelesen!“ – „Tja, in der Zeitung, glaubst du, daß wir was erfahren, was sie alles im Sinn haben!“ – „Wer sie?“ – „Naja die Großen halt, die wo den Scheißkrieg gemacht haben!“ – „So daherreden, wenn unsere Helden draußen im Schützengraben liegen!“) will Rüdiger, der Gendarm, seinen zukünftigen Schwiegervater unbedingt sprechen: „ Stelzinger, ich habe mit dir zu reden … Der Krieg ist verspielt … Der Kaiser und unser König sind davon … Was jetzt kommt, weiß keiner … Nun fragt sich doch sehr, ob ich und Jule auf Neujahr … “, aber schließlich bringt Stelzinger doch wieder Zeitungen aus Amdorf und nun kann man es schwarz auf weiß lesen REVOLUTION HATS GEGEBEN … EINE NEUE REGIERUNG HABEN WIR UND KEINEN KÖNIG MEHR … das halbe Dorf zum Leichenschmaus sich in die Postwirtschaft drängelt, in der Postwirtschaft bald alle Tische besetzt sind und aus dem Hinterzimmer noch Stühle gebracht werden, damit sich auch der und der noch setzen kann, nur der LAMPL-KNECHT, der rothaarige MOSER-HEINRICH, der ALLBRINGER-LUDWIG von Auffing, der NEUCHEL-PETER von Terzling und JODL-KASPAR von Buchberg, die haben von vornherein auf einen Sitzplatz verzichtet, sie in ihren ausgewaschenen grauen Uniformen, die mehr Flicken sind als Uniform, die halten sich etwas abseits, stehen mit dem Rücken zum Fenster und es scheint sie überhaupt nicht zu stören, daß der HEINGEIGER-SILVAN, Feldwebel Heingeiger – und darauf scheint es dem schon anzukommen – mit ihnen nichts zu tun haben will und sich zu anderen an den Tisch gesetzt hat (zweimal war der Silvan verwundet gewesen, da war erst dieser Oberarmschuß und dann vor Verdun dieser Bajonettstich in die untere rechte Brusthälfte und er lag vier Wochen im Lazarett und kam dann heim als Feldwebel, aber im Dorf gab es eigentlich nichts mehr, was ihm nicht mißfiel … er will sich von Kraus die Stiefel besohlen lassen „Kein Leder da!“, Zigaretten, Zigarren, man will es sich ja im Urlaub einmal gut gehen lassen, Fehlanzeige, Zigaretten, Zigarren gibt es auch drüben in Amdorf nicht, Wurst, Käse, das alles gibt es nur noch auf Lebensmittelkarten, und dann erfährt er an seinem letzten Urlaubstag auch noch, seine ältere Schwester, die Elise, ist schwanger und zwar von einem der Russen, die man ihrem Hof als Knechte zugeteilt hatte, und das ist es, was er seiner Schwester zum Abschied sagt: „Drecksau! Wenn ich vom Krieg heimkomme und den Hof übernehme, hast du zu verschwinden!“ und die Elise, die geht (WAS INTERESSIERT DIE SCHON WIE ICH MICH FÜHLE) nach drüben in den Stall (und heult leise in sich hinein) (STRASSENMENSCH! FETZEN! MIT DER SAUERREI HAST DU DIR DEIN GANZES LEBEN …) und da fällt ihr auch noch die Zensi, ihre jüngere Schwester, in den Rücken (PAPA, BEI MIR BRAUCHST KEINE

ANGST ZU HABEN, ICH … – AH, IST DOCH EINE WIE DIE ANDERE!) WENN ES WENIGSTENS EIN HIESIGER WÄRE, ABER DER … DER … DER HAT NICHTS, … DER IST NICHTS … DER KANN SIE DOCH NICHT HEIRATEN! … STIER, GRÄUSLICHER! – (ABER ABER HEINGEIGER, WENN DAS KIND DANN DA IST, MUSS ALLES SEINEN GANG GEHEN, DAS MUSS BEIM STANDESAMT PROTOKOLLIERT WERDEN, DA BRAUCHT ES EINEN VORMUND. UND WIE IST ES, HEINGEIGER, WILLST DU DEN NICHT MACHEN! DAS WÄR NOCH DAS EINFACHSTE! – ICH, AUSGESCHLOSSEN! ICH KUCK DEN BASTARD GAR NICHT AN! AM LIEBSTEN TÄT ICH DIE ELISE SAMT IHREM MISERABLEN RUSSEN DAVONJAGEN!) Hier und da liegt (noch immer) auf den Wiesen gehäufter Grummet, und nur vereinzelt (so als wären sie bereits satt und nun nur müde) macht sich über den Wiesen ein Vogel bemerkbar und ab und zu, fällt von den Bäumen beiderseits der Straße fällt ab und zu ein Apfel, dumpf klatscht es hin und wieder nebenan im Gras, als die beiden Frauen unterwegs sind zum Pfarrer in Garching, ihre langen, dunklen Röcke hochraffen, aber trotzdem mit jedem ihrer Schritte am trockenen Straßenrand kleine Staubwölkchen aufwirbeln (ES IST RECHT HART IN DIESEN ZEITEN UND GAR FÜR ELTERN, DIE IHRE KINDER ORDENTLICH AUFGEZOGEN HABEN!), beide Flügel des Fensters der holzgetäfelten Studierstube des Pfarrers stehen weit offen (und von irgendwo kommt der Duft von Zwiebeln und gebratener Leber), und während die Mutter in dem ledergepolsterten Sessel, in den der Pfarrer sie hat setzen lassen (zwischen den Fingern den Rosenkranz) in einem fort betend die Lippe bewegt, steht das Mädchen (JA, WENN DAS KIND IM KATHOLISCHEN GLAUBEN

ERZOGEN WIRD – JA, JA, HOCHWÜRDEN, DAS IST DOCH NUN EINMAL GEWISS!) so, als würde man es gerade verprügeln, in sich zusammengekrümmt (WENN ES ALLWEIL HEISST, GEH MIR AUS DEM GESICHT, DU DRECKFETZEN, DU LIEDERLICHER ... GERN MAG ER MICH JA AUCH NICHT MEHR. REIN GAR NICHTS MACHT ER SICH AUS MIR. DAS WÄRE BESSER GEWESEN ... ELISE, HÖRST DUS, ER IST SCHON WIEDER DA. DAS IST DOCH ER, DER UNTEN LEISE ... ER MAG DICH JA SCHON. HÖRST ES! ER SCHREIT NACH DIR. HÖR DOCH, ER IST HALT EIN JUNGER LUSTIGER MENSCH. ZUM FENSTER HÄTTEST DU SCHON GEHEN SOLLEN ... WAS RUFT DER DENN DA ... ODER SINGT DER ETWA ...) und traut sich nicht einmal laut zu weinen, rinnen ihr stumm dicke Tränen übers Gesicht ... Von außen drängen noch immer Leute in den Gastraum, als es drin schon losgeht von Tisch zu Tisch (DER GANZE SCHWINDEL, DER HAT JETZT AUFGEHÖRT ... WAS HAT UNS DIESER WILHELM VERSPROCHEN, ES KOMMT DIE ZEIT, IN DER WIR UNSEREN ENDSIEG FEIERN DIESE MISERABLEN ... FRIEDEN MACHEN, DAS HÄTTE DENEN FRÜHER EINFALLEN KÖNNEN ... IM KRIEG DIE JUNGENS ZUSAMMENSCHIESSEN JEDER, DER AN DIESEM SCHWINDEL SCHULD IST, UND DA MEINE ICH NICHT NUR SEINE MAJESTÄT UND DEN HERRN HINDENBURG, DEN SOLLTE MAN ALS ERSTES ...) bis sich schließlich eine ganz andere Stimme zu Wort meldet: SCHANDMÄSSIG! SCHANDMÄSSIG! SCHANDMÄSSIG! SCHANDMÄSSIG, oho, was soll denn das? SCHANDMÄSSIG!, wer könnte denn das gewesen sein, dem, zu alldem, was soeben besprochen wurde, nur das Wort SCHANDMÄSSIG einfällt, etwa da drüben der Heingeiger-Silvan, ja warum sonst sollte er ... na, na, was sagt ihr jetzt, so herausfordernd in die Runde kucken, doch da meldet sich bereits eine ganz andere Stimme, eine Stimme, der man auch sofort anhört, die will nicht überhört werden, zu Wort ... HOHOHO, DER HERR FELDWEBEL ... HOHO, DER HERR FELDWEBEL ... und die kann doch nur drüben von dem Fenster kommen von den fünf Jungens in den feldgrauen Uniformen ... HOHOH, DER HERR FELDWEBEL ... JA, IN DER ETAPPE HINTER BRÜSSEL, DA WAR DER KRIEG EINE FEINE SACHE, ABER VORN AN DER FRONT ... – WER SAGT DAS! WER HAT DAS GESAGT! (und da ist Feldwebel Heingeiger auch schon aufgesprungen, hält aber noch immer mit seiner Linken die Lehne seines Stuhles fest, WER HAT DAS GESAGT! WER SAGT SOETWAS! – WENN DU ES GENAU WISSEN WILLST, ICH HABS GESAGT (und das war nun der Allberger-Ludwig, der inzwischen einen Schritt aus der Gruppe da am Fenster nach vorn getreten ist und dem es scheinbar überhaupt nichts ausmacht, daß der Heingeiger-Silvan den Stuhl, den er eben noch in seiner Hand gehalten hatte, beiseite wirft und während nun auch an anderen Tischen aufgesprungen wird, Maßkrüge umkippen und Bier sich von den Tischen auf den Boden ergießt, Frauen aufkreischen, fährt der Allberger-Ludwig ganz ruhig fort (DAS KOMMANDIEREN ÜBERHAUPT DAS ALLES, DAS HAT JETZT AUFGEHÖRT. DAS MERKST DIR (RICHTIG!) Und während man nun von den anderen Tischen hört (RICHTIG! DAS IST EIN MÄNNERWORT! DER HAT VERSTAND! LUDWIG, LEUCHT ES DEM MILITÄRSCHÄDEL HEIM usw.) und der Heingeiger-Silvan ballt seine rechte Hand zur Faust, holt mit seiner zur Faust geballten rechte Hand weit aus und stürmt zu auf den Allberger-Ludwig, der noch immer einen Schritt vor seiner Gruppe stehend, dem Tun des Heingeiger-Silvan gelassen zugesehen hatte, und während sich nun die beiden bald Aug' in Aug' gegenüberstehen, holt der Heingeiger-Silvan mit seiner Faust noch weiter aus, und gleich wird er … gleich wird er, doch da – da packt Allberger-Ludwig (der ist immerhin fast einen Kopf größer als der Heingeiger- Silva, was bei diesem Vorkommnis durchaus ein Vorteil sein kann) den Heingeiger-Silvan am Hemdkragen, zieht ihn noch dichter zu sich heran und versetzt ihm (dem Heingeiger-Silvan) mit seiner Rechten (was voraussetzt, daß er zuvor das Noch-näher-Heranziehen seiner Linken überlassen hatte) mit seiner Rechten eine Watsche auf die linke Backe, danach erfolgt ein Handwechsel, nun ist es die Rechte, mit der der Allberger-Ludwig den Heingeiger-Silvan bei sich behält und es ist die Linke, mit der ihm nun noch eine Watsche versetzt, und so folgt Handwechsel auf Handwechsel, Watsche auf Watsche, bis der Allberger-Ludwig sich den Heinberger-Silvan (dem es offensichtlich schwer fällt, einzuordnen, was da gerade stattfindet, warum sonst macht er keinerlei Versuche, das, was er mit seiner Faust vorhatte, zu Ende zu führen, sondern so, wie ihn der Allberger-Ludwig zu sich herangezogen hatte, sich nun mit herunterhängenden Armen ganz dem Allberger-Ludwig überläßt, ihn nur mit großen Augen etwas erstaunt ankuckt, und da hat der Allberger-Ludwig den Heingeiger-Silvan auch schon schön griffig, d.h. er hat ihn zwischen die Beine/hinten an der Hose gefaßt, hebt ihn so sich über den Kopf und trägt ihn (wie starke Kerle mit einem Bierfaß umgehen) nach drüben zum großen Fenster der Postwirtschaft und befördert ihn dort durch das große Fenster (das verwandelt sich dabei in zersplittertes Holz und Glasscherben) nach draußen auf die Straße … bzw. als man sich dann Aug' in Aug' gegenübersteht und der Heingeiger-Silvan noch weiter mit seiner Faust ausholt, bleibt der Allberger-Ludwig ganz ruhig, unternimmt also keinerlei Versuche, sein Gesicht (denn worauf sonst will es der Heingeiger-Silvan mit seiner Faust schon abgesehen haben) vor dem Faustschlag / den Faustschlägen des Heingeiger-Silvans zu schützen (hält sich z.B. nicht beide Hände schützend vors Gesicht, sondern nutzt den Augenblick, an dem der Heingeiger-Silvan soweit ausgeholt hat, wie es weiter nicht mehr geht, um, wenn dann der Heingeiger-Silvan mit seiner Faust zuschlägt, sich schnell wegzuducken, so daß die Faust des Heingeiger-Silvan, statt ihn zu treffen, ins Leere saust, bestenfalls ein Luftloch anrichtet, doch da richtet sich der Allberger-Ludwig rasch wieder auf und zwar so, daß es ihm bei diesem Aufrichten gelingt, den Heingeiger-Silvan sich auf die Schulter zu laden und so, wie Väter nach einem viel zu langem Spaziergang ihre müden Kinder nach Hause tragen, trägt er ihn auf der Schulter nach drüben zum großen Fenster der Postwirtschaft und ab gehts an die frische Luft bzw. als der Heingeiger-Silvan dicht vor ihm steht und mit seiner rechten Faust weit ausholt und gleich, gleich wird er … duckt sich der Allberger-Ludwig nicht weg, zieht ihn auch nicht am Hemdkragen zu sich heran, um ihn dann eine Watsche zu versetzen, sondern er nimmt den Heingeiger-Silvan, bevor der, was er auch vorhatte, beenden kann, in seine Arme, drückt ihn ganz fest an sich, was ist jetzt los, will der Allberger-Ludwig den Heingeiger-Silvan fragen, obwohl doch der seine Faust bereits gegen ihn erhoben hat und er es auch nicht lassen kann, auch jetzt in der Umarmung mit beiden Fäusten auf den Allberger-Ludwig einzuschlagen, was aber, so wie die beiden in den Clinch gegangen sind, bestenfalls zu einem sanften Klopfen auf den Rücken auf des Allberger-Ludwig wird … „Hallo … ich bin auch noch da …“ oder wollen die beiden sich jetzt etwa abknutschen, aber da hebt der Allberger-Ludwig, so, wie er ihn umarmt hält, den Heingeiger-Silvan ein kleines Stück in die Höhe und stellt, so, als hätte er gerade den Heingeiger-Silva in eine lebensgroße Marionette von Heingeigers-Silvan verwandelt, die Füße des Heingeigers-Silvan auf seine Füße und nun gehts los, Schritt für Schritt, Schritt für Schritt, Schritt für Schritt nach drüben zum großen Fenster und beim Fenster angekommen, macht der Allberger-Ludwig einige Umgriffe und schon ist der Heingeiger-Silvan draußen auf der Straße ... bzw. als der Heingeiger-Silvan Aug' in Aug' mit dem Allberger-Ludwig mit seiner rechten Faust noch weiter ausholt, um ihn gleich ... da, da – duckt sich der Allberger-Ludwig nicht weg, zieht ihn auch nicht dicht zu sich heran, sondern ballt nun seinerseits seine rechte Hand zu einer Faust und schlägt, ohne mit seiner Faust weit auszuholen, gewissermaßen „aus der Hüfte" einen präzisen Kinnhaken an das Kinn des Heingeiger-Silvan, läßt gleich darauf mit seiner ebenfalls zu einer Faust geballten Linken blitzschnell einen Kopfhaken an die rechte Kopfhälfte des Heingeiger-Silvan folgen, so daß der einen Atemzug lang stutzt, von dem Faustschlag, den er gegen Allberger-Ludwig ausführen wollte, Abstand nimmt, denn soeben ist in dem Heingeiger-Silvan ein ihm ganz unbekanntes Bedürfnis erwacht, jetzt will er nicht mehr einschlagen, jetzt wird er müde, müde, müde, jetzt will der Heingeiger-Silvan nur noch schlafen, jetzt will er sich hier in der Postwirtschaft auf den Dielen der Postwirtschaft lang machen und schlafen, schlaa ... aafen, schlaa ... aafen ... K.o.! ... K.o.! und während er sich nun tatsächlich zur Seite dreht und ins Fallen kommt, fängt es in seinem Kopf auch noch an zu singen (KYRIELEISON CHRISTE ELEISON DORMI JESU, MATER RIDET / QUAE TAM DULCEM SOMNUN VIDET / DORMI JESU BLANDULE / SI NON DORMIS, MATER PLORAT / INTER FILA CANTANS ORAT: / BLANDE VENI SOMNULE.

MARIA, DU ZARTE! / DU BIST EIN ROSENGARTEN / DEN GOTT SELBST GEZIERET HAT / MIT DEM, DER VON DIR GEBOREN WARD und während der Allberger-Ludwig, bevor der nun endgültig am Boden liegt, den Heingeiger-Silvan mit einem raschen Zugreifen auffängt, ihn unter den Arm und ihn hin zum Fenster und auf die Straße trägt, wird im Kopf des Heingeiger-Silvan der Gesang immer lauter WENN ALLE BRÜNNLEIN FLIESSEN / SO MUSS MAN TRINKEN / WENN ICH MEIN SCHATZ NICHT RUFEN DARF / JU JA RUFEN DARF / TU ICH IHM WINKEN ... BLAU BLÜHT EIN BLÜMELEIN / DAS HEISST VERGISS NICHT MEIN / DIES BLÜMLEIN LEG ANS HERZ / UND DENK AN MICH ... ROSENSTOCK, HOLDERBLÜH / WENN ICH MEIN DIRNDERL SEH / LACHT MIR VOR LAUTER FREUD / 'S HERZEL IM LEIB // 'S G'SICHTERL WIE MILCH UND BLUT, / 'S DIRNDERL IST GAR SO GUT / UM UND UM DOCKEL NETT / WENN ICH'S NUR HÄTT' ... bzw als Heingeiger- Silvan dicht vor ihm mit seiner Faust ..., da versetzt ihm der Allberger-Ludwig keinen Kinnhaken und auch keinen Kopfhaken, da duckt er sich auch nicht weg und versetzt ihm auch keine Watschen, da ballt auch der Allberger-Ludwig seine Hände zu Fäusten und hebt danach beide Arme so an, daß seine zu Fäusten geballten Hände auf der Brust liegen und zwar jede auf der ihr gegenüberliegenden Brust, also die linke Hand auf der rechten Brustseite, die rechte Hand auf der linken Brustseite, der Arm mit dessen zur Faust geballten Hand er nun vorhat zuzuschlagen, befindet sich dabei unterhalb des sich immer weiter zurückziehenden anderen Arms (dessen Handfläche hält er dabei parallel zur Brust), um danach (anfangs noch mit Unterstützung seiner Schulter) seine Faust, die er vertikal hält in einem Halbkreis (seine Brustmuskeln bilden dabei, indem er sie anspannt, einen Gegenwiderstand) zum Heingeiger-Silvan zu bewegen, so daß der Heingeiger-Silvan ... und der Allberger-Ludwig ihn nun ohne Mühe aufnehmen und zum Fenster tragen kann ... und als der Heingeiger-Silvan dicht vor ihm mit seiner Faust weit ausholt, erledigt ihn der Allberger-Ludwig nicht mit einem Hammerfaustschlag nach außen, versetzt ihm auch keinen Kinn- bzw. Kopfhaken, watscht ihn auch nicht ab, sondern, ballt nun seinerseits beide Hände, da stürmt der Heingeiger-Silvan mit erhobener Faust auf den Allberger-Ludwig zu, doch bevor er nun ..., ballt der Allberger-Ludwig beide Hände zu Fäusten und hält seine Fäuste über den Kopf und zwar so, daß deren Innenseiten nach außen und etwas noch oben zeigen und bewegt danach seine zu Fäusten geballten Hände in einer halbkreisförmigen Bewegung hin zum Heingeiger-Silvan (wobei er anfangs die Drehung der Unterarme etwas langsamer ausführt, diese Bewegung aber im Verlauf der Handlung intensiviert), den Schlag selber arretiert in einer schnappenden Bewegung in seine Endstellung, so daß der Heingeiger-Silvan ..., und der Alberger-Ludwig ihn nun ohne Mühe ... bzw., als Heingeiger-Silvan dicht vor ihm mit seiner Faust, da erledigt der Allberger-Ludwig den Heingeiger-Silvan nicht mit einem Doppel-Hammerfaustschlag, bzw. einem Hammerschlag von außen, schlägt ihn auch nicht k.o. oder watscht ihn ab, er hebt den Arm mit dessen Hand er den Heingeiger-Silvan ... (die Handfläche hält er dabei so, daß sie nach oben zeigt) in Höhe von dessen gegenüberliegenden Schulter (inzwischen wurde von ihm die andere Hand unterhalb des Schlagarms zur Brust führt) schwingt danach in einer kontinuierlichen Bewegung die Hand, mit der er vorhat zuzuschlagen, über seinen Kopf und ... schlägt sie (in einer Schnappbewegung aus dem Ellbogen (wobei er in der letzten Phase der Schlagbewegung die Hand so dreht, daß der Daumen nach oben zeigt) in einem Winkel von 90-Grad zum Heingeiger-Silvan, so daß der ... und der Allberger-Ludwig ihn ohne Schwierigkeiten ...... UND JETZT LIEGT DER SILVAN DRÜBEN IM BETT, SEIN GANZES GESICHT UND SEINE HÄNDE SIND ZERSCHUNDEN. UND DEN FUSS MUSS ER SICH AUCH VERSTAUCHT HABEN, JEDENFALLS IST DER GESCHWOLLEN UND ER KANN DAMIT NICHT AUFTRETEN (die Elise (hallo, hat die schon einen Bauch, hat die schon einen Bauch, ist ja direkt unverschämt, da dauert es doch bei ihr bestimmt nicht mehr lange ...) ...) ist (ihm die Militärstiefeln ihres Bruders zu bringen) zu ihm gekommen und kann sich einfach nicht beruhigen) ABER WIE KANN ER SICH AUCH MIT DEM LUDWIG EINLASSEN, NOCH DAZU, DA DER DOCH NUR FÜRS RAUFEN IST (aber was erzählt sie ihm da, was erzählt sie ihm da, er hört da gar nicht hin, es hatte doch schon seinen Grund, daß der Schuster Kraus nach dem Begräbnis des Bürgermeister nicht mit den anderen in die Postwirtschaft, sondern auf kürzestem Weg nach Hause gegangen war und ihn interessiert auch nicht was die Alte, die für ihn kocht und bei ihm sauber macht, als sie eines Tages, und das hatte sie noch nie getan, ohne vorher anzuklopfen in seiner Werkstatt steht, weil sie ihm unbedingt etwas mitteilen müßte (DA WÄRE EIN GROSSER MOTORWAGEN MIT MANNSBILDERN DRAUF INS DORF REINGEFAHREN UND VON DEN MANNSBILDERN HÄTTE JEDER EIN GEWEHR BEI SICH UND EINE ROTE FAHNE HÄTTEN SIE DROBEN AUF DEM MOTORWAGEN FLATTERN LASSEN (aber was interessiert das ihn, es gibt viele Fahnen, die im Wind flattern) UND HÄTTE DER MOTORWAGEN ANGEHALTEN UND DANN WÄREN AUCH LEUTE STEHEN GEBLIEBEN (ist doch klar, daß, wenn so ein Motorwagen ins Dorf kommt und stehenbleibt, auch die Leute stehenbleiben) UND DANN HÄTTE OBEN AUF DEM MOTORWAGEN EINER ANGEFANGEN ZU REDEN UND ANDERE HÄTTEN AN DIE LEUTE, DIE STEHENGEBLIEBEN WAREN, ZETTEL VERTEILT (tja, so ist es nun einmal, wo einer redet, da verteilen andere Zettel) UND WIE SIE GRAD WEG WÄRE (die Alte, die Alte, die soll endlich weiter sauber machen) (DA WÄRE GRAD DER ALLBERGER-LUDWIG MIT DEM KUGLER, DAS IST DER, DER BEI DER HOLZARBEIT DURCH EINEN UMFALLENDEN BAUM SEINEN LINKEN ARM VERLOREN HAT UND NUN ALS GEMEINDEDIENER NOCH BISSCHEN GELD DAZU VERDIENT AUF DEN MOTORWAGEN GESTIEGEN UND DROBEN HABEN DANN BEIDE EINE FAUST GEMACHT DIE DROBEN AUF DEM MOTORWAGEN WÄREN FAST LAUTER SOLDATEN GEWESEN UND AUCH DER LUDWIG HÄTTE SO EINE MONTUR ANGEHABT) (nein, da hört er gar nicht hin, das interessiert ihn nicht, was der Ludwig da angehabt hat, er macht seine Arbeit, er hat den Stiefel von … zu nähen, und einen neuen Absatz braucht der Stiefel auch, das muß er dem … noch sagen und er kuckt auch auf keinen Fall hoch, als draußen ein Rattern, ein dumpfes Surren näherkommt, die Fenster der Werkstatt anfangen zu klirren und kurz danach (Die Alte: „Das ist er! Das ist er, der Motorwagen!“) etwas Dunkles (flatternde Fahnen, lachende Männer mit Gewehren) draußen auf der Straße vorbeifährt (inzwischen sind auch drüben die Heingeigers vor das Tennentor getreten und kucken zu, wie das Gefährt mit den Männern und den Fahnen die leicht ansteigende Höhe nach Garching hinauf keucht, da löst sich die Zensi aus der Gruppe, geht auf die Straße und hebt dort einige bedruckte Zettel auf, die sie ihrem Vater übergibt und schließlich sie alle wieder in der Tenne verschwinden) hmm … hmm … hmm … sagt er da … hmm … hmmm … hmm … hmm, doch bis es soweit ist, daß er (nun soll es endlich, endlich bei der Genossenschaft wieder Leder geben) auf dem Weg ist nach Amdorf (und hoffentlich mit vollem Rucksack zurückkommt) und kurz hinter dem Garchinger Forst ihm da auf der Chaussee welche entgegenkommen, die der Heingeiger und die Albergerin sein könnten (steht (Tage nachdem dieses Lastauto mit den Männern und den flatternden Fahnen durchs Dorf gefahren war) Kugler in seiner Werkstatt und ist ganz aufgeregt, als er ihm erzählt) (JA, MEIN LIEBER, DIE, WO JETZT AM RUDER SIND, DIE TREIBEN KEINEN SPASS … DIE MACHEN ERNST MIT DEM AUFRÄUMEN … EINER, DER DIE ARBEIT NICHT KENNT, HAT NICHTS MEHR ZUM SAGEN … JETZT KANN UNSEREINS AUCH EINMAL SEIN MAUL AUFMACHEN UND SAGEN, WAS IHM NICHT PASST … ÜBRIGENS, DER ALLBERGER-LUDWIG IST MIT IN DIE STADT GEFAHREN … SIE HABEN GESAGT, ER IST VERTRAUENSMANN VON UNSERER GEGEND …), tauchen immer öfter vollbesetzte Lastautos in den Dörfern auf, von denen, sind da genug Dörfler zusammengelaufen, Flugblätter abgeworfen und auf die Leute eingeredet wird (DIESE BANDE VON KRIEGSHETZERISCHEN MONARCHEN UND GENERÄLEN, VON KORRUPTEN GEWISSENLOSEN BEAMTEN UND PROFITGIERIGEN SCHLOTBARONEN HAT UNS IN DEN KRIEG UND IN DAS GANZE ELEND GEHETZT, ABER JETZT HAT DIE STUNDE FÜR DIESES GESINDEL GESCHLAGEN), verbringt die Elise (nun ist er da, ihr Sohn, nun kann sie ihn in den Armen halten, nun ist er da der Sohn) manchmal halbe Nachmittage bei ihm in der Werkstatt (MEIN GOTT SCHUSTER! GAR NICHTS MEHR IST BEI UNS, SEIT DEM DER

SILVAN DAHEIM IST, WIE FRÜHER. JEDEN UND JEDEN TAG STREITET ER MIT DEM VATER, UND ZU MIR SAGT ER JEDEN AUGENBLICK, ICH SOLL SCHAU'N, DASS ICH AUS'M HAUS KOMM' MIT MEINEM BANKERT ... UND WENN DER SILVAN IN SEINEM ZORN NOCH SAGT, DEN ALLBERGER-LUDWIG STICHT ER AB WIE EINE SAU ... SCHUSTER, MICH FREUT MEIN LEBEN NICHT MEHR ... WENN ICH MEIN KIND NICHT HÄTT, ICH WÜSST' NICHT, WAS ICH TÄT ...) und versorgt ihn mit den neuesten Neuigkeiten (UND DER STELZINGER, DER IST AUCH AUF EINMAL WIE UMGEWANDELT ... KEIN WORT LÄSST DER MEHR VERLAUTEN VON VATERLAND UND KAISER, VON HINDENBURG UND KRIEG ... „UNSERE HELDEN, DIE DRAUSSEN IN DEN SCHÜTZENGRÄBEN LIEGEN ... IST DOCH KEIN ZWEIFEL MEHR, DASS WIR, SEITDEM WIR ÜBER DIE RUSSEN UND RUMÄNEN GESIEGT HABEN, AUCH IM WESTEN BALD FERIG SIND ...“ JETZT HEISST'S AUF EINMAL, ES IST SCHON WIRKLICH SCHINDLUDER GETRIEBEN WORDEN MIT DEM PUBLIKUM ... JETZT IST ES EINE GANZ ANDERE ZEIT! JEDER VERNÜNFTIGE MENSCH WÜRDE DAS SEHEN UND ER ALS GESCHÄFTSMANN, WÄRE DER ERSTE, DER MITGEHEN WÜRDE, WENN ER ETWAS VERSTAND HÄTTE UND ES WÄRE DER KUGLER GEWESEN, DER MIT SEINEM GEREDE „JETZT HABEN DIE KLEINEN DAS WORT, VERSTEHT IHR UND HINTER UNS STEHT DIE NEUE REGIERUNG, WENN ES JETZT ANS AUSRÄUMEN DER ÄMTER GEHT“, DER DAFÜR GESORGT HÄTTE, DASS ES AN DEM NACHMITTAG, AN DEM DIESE VERSAMMLUNG STATTGEFUNDEN HATTE, DER POSTWIRTS-

SAAL SO VOLL GEPFROPFT GEWESEN WÄRE, DASS MAN DIE FENSTER ZUR STRASSENSEITE AUFGEMACHT HATTE, DAMIT AUCH DIE LEUTE, DIE NICHT IN DEN SAAL GEKOMMEN WÄREN UND NUN VOR DER POSTWIRTSCHAFT AUF DER STRASSE STEHEN MUSSTEN, AUCH HÖREN KONNTEN, WAS DRIN IM SAAL GESPROCHEN WIRD. UND AUF DER BÜHNE HÄTTE DANN NEBEN DEM REDNER, DER EXTRA AUS DER STADT GEKOMMEN WÄRE, IN SEINER FELDGRAUEN UNIFORM UND MIT EINEM GROSSEN REVOLVER IM GÜRTEL UND MIT EINER BREITEN ROTEN ARMBINDE DER ALLBERGER-LUDWIG UND DER ALLBERGER-LUDWIG WÄRE ES GEWESEN, DER DANN DIE VERSAMMLUNG ERÖFFNET HÄTTE, NUN WÄRE ES DAMIT VORBEI, UND ER KÖNNTE DAFÜR VIELE SCHLAGKRÄFTIGE BEWEISE LIEFERN, DASS DER BAUERNSTAND SYSTEMATISCH RUINIERT WÜRDE, BRAVO HÄTTEN DA IM SAAL VIELE GERUFEN, NUR DER SILVAN NICHT, DER HÄTTE GERUFEN „WER HAT DICH DENN ÜBERHAUPT GEWÄHLT?“, ABER DER LUDWIG HÄTTE SICH DAVON NICHT BEEINDRUCKEN LASSEN „WIR SIND ZWAR NICHT GEWÄHLT, ABER WIR HABEN DIE REVOLUTION GEMACHT!“ HÄTTE ER DARAUF GEANTWORTET UND ES KÄME JETZT DARAUF AN, DASS DIE BAUERN ZUSAMMENHALTEN UND IHRE ANGELEGENHEITEN SELBER REGELN. ABER MAN DÜRFTE AUCH DIE STADTLEUTE NICHT VERGESSEN, DIE JA AM HUNGER LEIDEN, DENEN MÜSSTE MAN SCHON HELFEN. UND DA HÄTTE DER SILVAN GEMEINT, ZUERST SAGT ER, WIR BAUERN WÄREN RUINIERT UND JETZT SOLLEN WIR ALLES HERGE-

BEN. UND HÄTTE DER SILVAN DIE VERSAMMLUNG VORZEITIG VERLASSEN UND ALS DANN DIE VERSAMMLUNG BEENDET WAR UND JEDER SICH AUF DEN HEIMWEG MACHTE, HÄTTE MAN FESTGESTELLT, DASS VON DEM LASTAUTO MIT DEM DER LUDWIG MIT SEINEN LEUTEN GEKOMMEN WAR, ZWEI REIFEN ZERSTOCHEN WAREN UND MEINEN SIE AUCH, NACHBAR, DASS ES DER SILVAN IST, AUF DESSEN KAPPE DAS KOMMT), muß er es noch fertigbringen, sich den Kugler irgendwie vom Hals zu schaffen (WAS? ICH? ICH SOLL MICH ZUM BEIGEORDNETEN DES BÜRGERMEISTERS WÄHLEN LASSEN? ABER ICH BIN DOCH EIN ALTER UND GAR NICHT MEHR SO GESUNDER MANN! WER IST DENN DA AUSGERECHNET AUF MICH GEKOMMEN! – WIR, EIN GANZER HAUFEN IM DORF! DER HEINGEIGER, DER ALS BÜRGERMEISTER INS AUGE GEFASST IST, HAT DICH AUCH SCHON OFT GELOBT! – HMMMHMMM? MICH WÄHLEN? SIEHT MAN DENN NICHT, ICH LIEG IM BETT! ICH BIN SEIT LÄNGEREM BETTLÄGRIG! UND KOMME ICH ÜBERHAUPT WIEDER AUF DIE BEINE? – NA BITTE, VORLÄUFIG KEINE AUSSICHT! – NEIN, NEIN, DARAUS WIRD NICHTS! ICH TU KEINEM UNRECHT UND WILL VON KEINEM WAS, BASTA! UND ICH BIN FROH, DASS ES SO IST, DA HOLT MAN SICH NÄMLICH KEINE FEINDSCHAFTEN!) liegt der Schnee bald so hoch, daß er die Dörfer umgibt wie eine Mauer und die Gerüchte, die durch diese Mauer dringen, werden immer unverständlicher WAAAS! IN DER STADT HAT ES EINEN PUTSCH GEGEBEN! GEGEN DIE PROVISORISCHE REGIERUNG! IN DER STADT GEHTS ZU WIE IM KRIEG! DIE SCHIESSEREIEN HÖREN EINFACH NICHT AUF,

ABER ARBEITEN TUT KEINER MEHR! („Die Narrenhäusler! Die glauben, davon wird's besser! Na ja, wenn sie nichts mehr zu nagen und beißen haben, wird ihnen der Verstand schon wieder kommen!") und fährt der Neuchel von Terzling früh um fünf durch die umliegenden Dörfer, sammelt die vollen Milchkübel der Bauern ein und fährt sie zum Bahnhof von Amdorf, aber diesmal ruft ihm dort der Speditionsmeister des Güterbahnhofs bereits von weitem zu ... „Haha, jetzt kommst du auch noch daher! Da! Deine gestrigen Kübel sind noch voll und durch und durch gefroren! Wunderbar eingelagerte Frischmild! Die kannst du auch gleich wieder mitnehmen!", so daß der Neuchel erst einmal gar nichts versteht, aber in der Dunkelheit sieht er auf dem Platz vor dem Bahnhof die Milchschlitten der anderen Gemeinden, mit Rauhreif überzogen sind die Köpfe der Ochsen und Pferde, die da mit gesenkten Köpfen in den Geschirren vor sich hindösen und die hin und wieder in der Kälte prusten, und bei den Schlitten die Fuhrleute stampfen mit ihren schweren Stiefeln auf der Stelle und lassen sich aus über die „Sauerei" in der Stadt („Ein ganz miserabler Schwindel ist's! Wir Bauern sind keine Hanswursts! So eine Saubagage! Wir liefern überhaupt nichts mehr! Nichts mehr geben wir her, basta!"), bis schließlich auch der Neuchel tut, was andere vor ihm getan hatten, lädt auf, so viel er von den eingefrorenen Kübeln mitnehmen kann und fährt sie zurück in die Dörfer, wo die Bauern die vollen Kübel zurück in ihre Ställe schleppen und die Milch in die Schweinetröge kippen usw., steht der Stelzinger unterm Arm einen dicken Aktendeckel vor dem Heingeiger, der jetzt Bürgermeister ist und tut (in einem etwas stelzigen Amtsdeutsch) sehr wichtig („So einfach ist das alles nicht, Bürgermeister. Die Unordnung in der Stadt drinnen wird bald folgenschwerer aufs Land übergreifen und das zum Schaden der Bevölkerung.

Dabei geht es vor allem darum – ich steh in telefonischer Verbindung mit Persönlichkeiten, die mich auf dem Laufenden halten – bezüglich Fernhaltung bzw. Eindämmung der Elemente, die am liebsten wollen, daß es im ganzen Land noch mehr drunter und drüber geht …“) „Im ganzen Land“, unterbricht ihn da der Heingeiger, „im ganzen Land sagst du, glaubst du vielleicht bei uns gibt's auch solche Narrenhäusler wie in der Stadt drinnen.“), aber der Stelzinger scheint noch mehr zu wissen („Auf jeden Fall, sagen die Persönlichkeiten, sollen wir genau aufpassen auf die Hetzer, die jetzt überall auftauchen!“) Der Heingeiger: „Aber bei uns hat doch jeder seine Arbeit, da haben die Hetzer kein Glück!“ – jubelt Kugler (aus welchem Anlaß eigentlich, war er etwa gekommen Schuhe abzuholen) in seiner Werkstatt (SCHUSTER, ICH HAB'S DIR SEIT EH UND JEH GESAGT! ES WIRD! ES WIRD! FÜR UNS KLEINEN LEUTE KOMMT JETZT DIE RICHTIGE ZEIT! JETZT STIMMT'S BALD! JETZT STIMMT'S BALD! ODER IST DENN DAS EIN LEBEN? IST DAS EINE GERECHTIGKEIT! UNSEREINS HAT SEIN LEBTAG NICHTS WIE PLAGEREI UND NOT! EWIG IST MAN DER WINDIGE KLEINHÄUSLER, DER NICHTS HAT UND NICHTS GILT! UND DIE ANDEREN SCHAUEN DICH SCHIEF AN, UND WENN'S HOCH KOMMT, SPIELEN SIE VIELLEICHT DIE MITLEIDIGEN, DIE GNÄDIGEN! DER HUND, DER DRECK IST MAN SEIN LEBTAG! DAS MUSS JETZT AUFHÖREN! ICH MÖCHTE AUCH EINMAL OBENAUF!) und verabschiedet sich mit (SCHUSTER, DIE ZEIT IST DURCHAUS FÜR UNS! DIE REVOLUTION IST BLOSS FÜR DIE NOTIGEN KLEINEN LEUTE! KRAUS, DU WIRST MIR NOCH RECHT GEBEN), aber er … er … er schlägt (auch noch lange nach Kuglers Abgang) (kurz und gezielt kommen dabei seine

Schläge) mit seinem Hammer ein auf diesen Schuh, den er gerade in der Mache hat (die vielen, kleinen, aufgenagelten Lederflecken müssen platt geschlagen werden) und (brummt, stöhnt leise vor sich hin)… hmm… hmm… hmmm… „Revolution, sagt der Kugler… Re-vo-lution… Jaja, Revolution… hmm… hmm… obenauf will der Kugler … zu Geld kommen will er, hmm… hmm… jajaja, die Revolution ist… die kleinen Leute kommen über die Großen und die Großen werden klein… hmm… hmmm… und nachher kommen die neuen Kleinen wieder über die alten Großen… so geht's weiter… „hmm… hmm", knipst dann, um etwas zu sehen, das Licht an und geht dann nach drüben in seine Küche, hält dort seine verarbeiteten Hände unter einen Wasserhahn und trocknet sie danach an seiner blauen Schusterschürze ab, nimmt vom Herd den Topf mit dem Essen, das ihm die Alte heute gekocht hatte und stellt ihn dort auf den Tisch, wo bereits die Zeitung liegt und fängt (ohne die Zeitung weiter zu beachten) an, zu essen, kaut mit vollen Backen, ißt schmatzend und ohne dabei einzuhalten, schleckt genüßlich mit der Zunge den leergegessenen Topf aus, beugt sich danach behaglich zurück, stochert mit seinen Fingernägeln die letzten Speiseresten aus seinen Zähnen, muß dabei hin und wieder rülpsen (in der Stille von drüben aus der Werkstatt das gleichmäßige Ticken der Pendeluhr und sagt dann mit einer abwehrenden Handbewegung): hmm… hmm… der Kugler, mit seiner Revolution… neunundneunzig von Hundert wollen mehr haben und mehr sein als alle anderen, und ein Prozent, die wollen gar nichts… die möchten bloß ihre Ruh'und ihren Frieden… aber die zählen nicht… die zählen nicht… nein … nein, die zählen nicht… und die mag man auch nicht…, fegt Ende Februar ein frischer Wind in einem hohen Himmel die Wolken auseinander und es passiert immer öfter, daß zumindest für Stunden eine frühlingswarme

Sonne scheint und es fängt an von den Dächern zu tropfen, rutschen Schneemassen von den Dächern rutschen und türmen sich vor den Häusern und so ist das Wetter, als er (wieder einmal) unterwegs ist in den Dörfern auf der Suche nach etwas, was er verarbeiten könnte und dabei tatsächlich ins Schwitzen kommt und etwas abseits von der Straße auf einem herumliegenden Baumstamm eine Rast einlegt, doch da ... doch da ... fällt sein Blick (durchaus zufällig) auf den Telegraphenmast vor ihm an der Straße und den handgroßen weißen Zettel, der da mit Reißzwecken angeheftet ist, und als er die Brille aufsetzt und näher tritt (nun sieht er es, auch von dem nächsten Telegraphenmast blinkt so ein weißer Zettel) entziffert er ... ISRAEL IN DEUTSCHLAND VORAN! NEHMT DIE JUDEN IN SCHUTZHAFT, DANN HERRSCHT RUHE IM LAND! JUDEN HETZEN ZUM SPARTAKUS! JUDEN WIEGELN DAS VOLK AUF! JUDEN DRÄNGELN SICH ÜBERALL AN DIE SPITZE! DEUTSCHLAND DEN DEUTSCHEN!) „hmm ... hmm ... hmm (sagt er da) hmm ... hmm ... immer das gleiche ... immer Israel ... immer die Juden ... immer die Juden (und kuckt sich, während er das sagt, um wie ein Dieb) ... immer die Juden ... immer das gleiche ... hmmm ... hmmm" (ABER HATTE ER ÜBERHAUPT ETWAS GESEHEN, WAR HIER ETWAS ZUM SEHEN GEWESEN, WAS ER HÄTTE SEHEN MÜSSEN) (dünn die kalte Luft, die er einatmet, und wie er da beim Gehen die Zähne zusammenbeißt) rutscht der Sohn der Elise (der Peter), durch seine Werkstatt und zeigt ihm die kleinen weißen Zettel, die er draußen auf der Straße gefunden hatte und die er (nun hat auch er sein Spielzeug) zu kleinen Papierkügelchen zusammenknüllt und nun auf dem Betonfußboden der Werkstatt hin und her schiebt, ein kleiner Schubs und die Kügelchen nehmen ihren Weg über den Beton, über die Risse, die sich da auftun, umrollen da kleine Erhebungen, um dann kurz vor der Sohle des Schuhs, der an einem der Füße seines Schusterschemels auf Reparatur wartet, nun nicht mehr weiter rollen (Er, der sich das schon eine Weile nicht entgehen ließ): „Ja, ja, Russl, so rollen sie daher … so rollen sie daher, und wer soll sie schon aufhalten! Ja, ja, Russl, jaja Russl!“, sagt Kugler in der Postwirtschaft, auch zu denen, die das gar nicht hören wollen und das durchaus so, als wäre er einer der wenigen, die das wissen können („Jetzt gibt's Blut! … In der Stadt geht's schon wild auf! Sie haben den Ministerpräsidenten erschossen!“ „So – was haben wir mit dem Ministerpräsidenten zu tun! Was bringst du denn da für politischen Sachen daher! Die gehen uns doch nichts an!“ – „Was uns das angeht, das wirst du bald erleben!“) und die Julie des Stelzinger schreit hochnäsig vom Fenster des ersten Stocks auf die Straße: „In der Stadt drinnen ist etwas passiert! Der Vater telefoniert sich schon die ganze Zeit im Expeditionszimmer die Finger wund!“, kann man in Auffing sehen, wie der Schuster Kraus mit dem vollen Aschkübel aus der Haustür seines Häuschen, da am Ende des Dorfes, tritt, in seinen schneeverkrustetes Vorgarten geht und die Asche in den Vorgarten schüttet und danach wieder in seinem Haus verschwindet und der Heingeiger sitzt bei seiner Schwester, der Rotholzerin, der verwitweten Frau Bürgermeister, die ihm zuvor gestanden hatte („Bruderherz, du kannst jetzt reden, was du magst, ich hab's mir genau überlegt. Bei mir geht das einfach nicht mehr so weiter“) (sie hätte in der Zeitung inseriert, ihr Hof stünde zum Verkauf zur Verfügung) und liest nun den Brief, den sie ihn schließlich („Da hat mir jetzt schon einer geantwortet. Er wäre selber Bauer und wüßte schon, wie es mit meinem Anwesen bestellt ist. Er würde nämlich auch deinen Silvan kennen. – Was? Den Silvan, der, der steckt auch dahinter!“) zum Lesen überlassen hatte

(SELBST AUS EINEM GROSSEN BAUERNHOF STAMMEND UND DIPLOMLANDWIRT, HABE ICH DEN GANZEN KRIEG ALS FELDWEBELLEUTNANT MITGEMACHT UND HABE NUN DIE ABSICHT, DURCH EXISTENZGRÜNDUNG IN MEINEM FACH AUCH WEITERHIN IM VATERLAND MEINEN MANN ZU STELLEN. WOBEI ICH DARAUF HINWEISE, DASS ICH ÜBER AUSREICHENDE BARMITTEL VERFÜGE, ABER DA ICH ZUR ZEIT NOCH EINIGE DRINGENDE REISEN ABSOLVIEREN MUSS, KANN ICH DEN KAUF ERST IN ZIRKA VIER WOCHEN TÄTIGEN. ALS KERNDEUTSCHER MANN IST ES MIR NICHT GEGEBEN, IM PREIS ZU HANDELN WIE EIN JÜDISCHER SPEKULANT, INDEM ICH SEIT JEHER DAGEGEN BIN, DASS JUDEN DURCH ANKAUF UND VERSCHACHERUNG VON BAUERNANWESEN DIE LANDWIRTSCHAFT UNSERER SCHWER LEIDENDEN HEIMAT RUINIEREN, WIE ES SOLCHE LANDFREMDEN ELEMENTE IMMER SCHON BETREIBEN, UND MUSS ICH DESWEGEN BEI EINEM EVENTUELLEN ANGEBOT DEN KAUFPREIS KLIPP UND KLAR WISSEN) „Fanny, bist du ganz und gar von Gott verlassen! Wo der Silvan dabei ist, da stinkt doch etwas! Da steckt doch etwas dahinter!“ – „Da steckt gar nichts dahinter! Der Mann, der wo kaufen will, wird vielleicht den Silvan kennen und gefragt haben, weiter nichts. Hier, der Mann schreibt, im Preis will er überhaupt nicht schinden, er will bloß, daß der Hof an keinen Juden kommt!“ – „Der Haderlump! Der Dreckshammel! Der Duckmäuser! Da steckt doch was dahinter!“, ist im Regen einer windigen Aprilnacht auch in Auffing ein dunkles Surren, Brummen zu hören, das immer näher kommt und so tritt man auch in Auffing (mancher durchaus noch benommen vom Schlaf) vor die

Haustüren, die Hoftore und sieht nun („Was ist denn jetzt das? Das ist ja wie im Krieg!“) die Lastkraftwagen, die vollbesetzt mit abgeblendetem Licht und die Pferdegespanne mit den leichten Kanonen, die da in der Nacht unterwegs sind, rattern Tage später nun bei bestem Aprilwetter, (am Tag zuvor hatte es dann doch geregnet, aber heute ist der Himmel blau, heute scheint es von einem blaue Himmel) von ... her, eine Kolonne Lastkraftwagen heran, da flattern riesige rote Fahnen, dreckig die Feldmäntel der Soldaten, die sich auf einem der Lastautos drängen (und diejenigen, die Zivil anhaben, tragen rote Armbinden und oben auf dem Dach des Fahrerhauses ist ein Maschinengewehr montiert, da schmettert eine Trompete und die Kolonne kommt vor dem Dorfeingang zum Stehen, und ist das der Allberger-Ludwig, der sich oben auf dem vorderen LKW aus der Gruppe der Schwerbewaffneten drängelt und sich schließlich an die inzwischen Herbeigelaufenen bzw. die, die auch jetzt noch aus ihren Häusern kommen, wendet (ALS BEVOLLMÄCHTIGTER DELEGIERTER DES ZENTRALRATS DER ARBEITER, SOLDATEN UND BAUERN ÜBERMITTLE ICH DER BEVÖLKERUNG MEINES HEIMATGAUS REVOLUTIONÄRE GRÜSSE („Jesus, der Ludwig, der kann's!“) BAUERNLEUTE MEINER HEIMAT! VON EUCH KENNT MICH JEDER (rot wird das Gesicht des Ludwig und seine Hals- und Schläfenadern schwellen an, als er versucht, noch lauter zu reden, damit auch die, die etwas entfernt stehen, es („Ja, der Ludwig, der weiß Bescheid!“) hören können, was er ihnen da zuschreit (DER ZENTRALRAT HAT DAS BLUTVERGIESSEN VERMEIDEN WOLLEN, ABER EINE DRECKIGE SIPPSCHAFT VON MEUCHELMÖRDERN, REAKTIONÄREN VERSCHWÖRERN UND POLITISCHEN SCHIEBERN HAT DEN KAMPF PROVOZIERT UND PREUSSISCHE

LANDSKNECHTE INS LAND GERUFEN und er... er hockt in seiner Werkstatt auf seinem Schusterschemel, ist gerade dabei... wirft aber dabei doch hin und wieder einen Blick durchs Fenster die Gassen hinunter bis zum Dorfplatz und ganz leise hört man von dort... die LKW's haben sich inzwischen (unter „Hoch"-Rufen auf die siegreiche Revolution) in Bewegung gesetzt und waren Lärm machend davon gefahren) und murmelt vor sich hin: „Die machen alles falsch... Die machen alles falsch!", stehen nicht nur die Auffinger,- sondern auch die Schulkinder aus Terzling, Furtwangen und Buchberg vormittags nach um neun etwas unschlüssig (manche von ihnen vertreiben sich auch die Zeit mit...) auf dem Dorfplatz von Auffing herum und erzählen jedem, der sie fragt, was das zu bedeuten hätte (DER PFARRER WÄRE ZUM LEHRER GEKOMMEN UND HÄTTE DEM BESCHEID GESAGT, SOVIEL ER MIT SEINEM FERNROHR SEHEN KONNTE, SIEHT ES AUS, ALS WÄREN DIE ROTEN AUF DER FLUCHT UND MAN SOLLTE DAVON AUSGEHEHEN, DASS SIE NUN BALD IN TERZLING WÄREN, DASS ES ALSO BESSER WÄRE, DIE KINDER...) – wird der Geschützdonner, der einige Zeit nur leise zu hören war, nun doch lauter, läßt bald dumpfes Grollen die Luft erzittern und da steigen auch schon auf der Höhe zwischen Terzling und Furtwang Rauchsäulen von Granateinschlägen auf, knattert (gar nicht mehr so weit entfernt) Maschinengewehrfeuer und der Pfarrer und Lehrer von Carching blicken durch das Fernrohr des Pfarrers und versuchen zu verstehen, was sie gerade sehen („Der linke Flügel der Roten soll vermutlich umzingelt werden... aha, also deswegen ziehen sie sich zurück Richtung Furtwanger Holz, sich über Furtwang nach Amdorf zurückziehen ist vermutlich ihre letzte Chance...) da kracht es erneut in dem Gehölz, und nun wieder... und nun wieder... und erneut rattern (wie … wie … wie verrückt gewordene Nähmaschinen) Maschinengewehre los, und vom Gehölz aus rollen Lastautos auf den Ort zu, Lastautos und dazwischen Pferde Reiter, Bagagewagen, doch da, (etwa deswegen weil nun Hunderte aus dem Wald kommen und versuchen, auf die LKWs, die Pferdewagen zu kommen) stockt der Troß und es dauert, bis der Zug sich wieder in Bewegung setzt und man mit Pferdegetrappel und LKW-Geknatter einfährt in Auffing, doch da – knattert (und diesmal in unmittelbarer Nähe) ein Maschinengewehr los, schlägt es pfeifend ein in einem der vorbeirasenden Lastkraftwagen, da wird aufgeschrien, auf einem der Lastautos wirbeln Leiber um sich drehend in die Höhe und klatschen auf die Straße, wollen da einige von denen, die es nicht in den Häusern gehalten hatte, zu denen treten, die da auf der Straße liegen, sich zu denen bücken … hier ist doch etwas passiert … da ist doch das Beste erst einmal die Seitenlage, die Seitenlage verhindert, daß da einer … aber da … aber da „Weg bleiben! … Liegen lassen! Weg!“, wer hat da gerufen … wer hat da gerufen … die Ebinger aus Furtwang sieht als erste oben im Fenster des Giebelzimmers des Rotholzerhauses den Kopf von einem der Rotholzerknechte (Ja, ja, man sieht richtig … Wir sind’s gewesen! Schad, daß bloß zwei der roten Hundling dran glauben haben mußten!), auf der Straße die beiden, der eine liegt mit dem Rücken nach oben, die Arme von sich gestreckt, der andere hat sich in sich zusammengekrümmt zur Seite gedreht, und schließlich geht doch einer der Herumstehenden zu einem der beiden da auf der Straße und wälzt ihn wie ein Jäger, der bei einem erlegten Wild die Einschußstelle sucht, hin und her „Aber habe ich doch auch noch einen Dritten gesehen!“ (fragt da einer der Knechte) Der andere: „Ja, ich hab auch gemeint, es hat ihn ’runtergehaut … “ (auf einen, der auf der Straße liegt, deutend) „Da schau, den kennt keiner mehr! ... Oder kennt den jemand! ... Ist hier jemand, der den hier kennt!" ... und sitzen die Terzlinger, Furtwanger und die Schulkinder aus Buchberg (man hielt es doch für besser, daß sie nicht nach Hause gehen) an diesem Abend in Auffing an fremden Abendbrottischen, (tauchen hin und wieder ein Scheibe Brot in eine Suppe, schieben die sich dann in den Mund und hören zu, was an diesem Abend an Abendbrottischen so geredet wird) „Herrgott, warum ist denn keiner aufm Rotholzer sein Dachboden rauf und hat mit dem Maschinengewehr dazwischen geschossen! Und das muß man sich gefallen lassen! Der Hund, der Dreck ist man! Und wo ist überhaupt der Kugler hin! usw.", steht am Morgen danach (neben alldem, was sie aus ihrer Knechtkammer auf die Straße getragen und zu einem Haufen gestapelt hatten, kleine Munitionskisten, in Sackleinwand eingenähte Gewehre, dazu ihre persönliche Habe) dieses mit einem Patronengurt schußfertige Maschinengewehr, o, wie das seinen dünnen, stählernen Lauf nach oben reckt, in die Luft schnuffelt, will wohl auch etwas mitbekommen von diesem sonnigen Aprilmorgen, und die beiden Knechte („Wer wir sind? Das werdet ihr noch früh genug erfahren! Aber jetzt ist's besser, ihr geht's auseinander!") spüren durchaus die Blicke mit denen sie hin und wieder gemustert werden („Na, da seht ihr wohl zum ersten Mal, anständige Männer, die wissen, worauf es heutzutage ankommt. Na, ein bißchen Angst dürft ihr vor uns schon haben ... Wache schieben, das werdet auch ihr bald lernen, ... da heißt es vor allem durchhalten und wenn es langweilig wird, da macht man Beinwechsel ... also Beinwechsel ... Beinwechsel ... Beinwechsel, aber nicht vergessen, auch dabei bleibt der Karabiner immer im Anschlag") und werfen dabei doch Blicke ... („Wo bleiben die denn, eigentlich müssen sie doch schon längst eingerückt sein ... bestimmt werden es mehr als zweihundert sein, die da feldmarschmäßig ausgerüstet angerückt kommen, und natürlich haben sie eine Musik dabei, und wenn sie dann in den landesüblichen Trachten ins Dorf einmarschieren, wird nicht mehr getrommelt, da wird Musik so laut gespielt, wie es lauter nicht mehr geht, Hüte werden geschwenkt und einem von den berittenen Offizieren, die dem Zug voranreiten, Meldung gemacht: „Unteroffizier… und Gefreiter…, melden! – Sehr gut! Das Material kommt auf die Wagen!“) und dann hört man tatsächlich ein leises Trommeln, das immer näher kommt… nun noch näher… und dann setzt tatsächlich Musik ein… Trompeter, Posaune… Tuba tatam… tuta… tuff… nun noch lauter und da tauchen sie auch schon auf… kommen die Garchinger Chaussee tatuff… tatuff… tatuff…, kümmert sich die Frau vom Kugler, Tage nach dem („Daß uns dieser Dreckkerl nicht auskommt!“) man bei ihr alles vom Keller bis zum Dachboden durchwühlt hat, Kleider und Wäsche aus den Kommoden gerissen und sogar einige Dielen losgerissen hat und ( ) (wozu er verpflichtet ist) ihr die Botschaft überbracht hatte („Ich habe gemacht, was ich konnt' machen. Ich hab mich durchaus für ihn eingesetzt. Ich hab's doch selber nicht glauben können, daß man sie erschießt. Aber da war beim Gericht eine Liste gewesen und da hat auch der Kugler drin gestanden. Es ist ganz einfach geschehen.“) nicht mehr darum, daß in ihrem Haus alles wieder in Ordnung, ist, versucht also nicht allein und mit einem viel zu kleinen Hammer, die Dielen wieder anzunageln, stellt auch kein Essen auf den Herd, wäscht auch nicht ab, wirtschaftet auch nicht in ihrem kleinen Vorgarten herum, sondern ( ) ( ), hockt er (Kraus) (draußen in der Nacht Wind, jetzt ist es still, aber nun wirft er sich erneut gegen die Fenster) in seiner Küche (und ist kurz davor, daß er einschläft, nebenan in der Werkstatt die Uhr rasselt neun Schläge herunter, tickt dann weiter) und plappert vor sich hin… („Jaa, jaa, der Kraus, der macht jetzt was… Der Kraus steht jetzt auf und legt sich schön warm ins Bett…“) und steht auf, reckt sich, gähnt knipst das Licht aus und steuert im Dunkeln die schmale Treppe an („Jaaa, jajaja, der Kraus, der steigt jetzt die Treppe nach oben in sein Bett…“), bleibt aber (eben war er noch über die leicht nachgebende Falltür zum Keller geschlurft und schon ist er dabei, die erste Stufe der Treppe zu nehmen) den einen Fuß bereits auf der Treppe, doch stehen, war ihm da eben ein Gedanke gekommen, doch was für ein Gedanke könnte ihm da gekommen sein, das er sich nun nur mit ihm beschäftigt und das Treppensteigen erst einmal läßt ( ) ( ) oder hatte er etwas gehört, doch was er hört, das kommt auf das Konto des Winds… und er hat doch auch keine Ratten im Keller… doch da wieder… da wieder, und diesmal hatte es sich angehört, unten im Keller fallen Kartoffeln auf den Boden, da in einer Ecke lehnt sein Knotenstock, die Falltür zum Keller hebt er mit einem Ruck, knipst im Keller das Licht an und steigt (bei sich den Knüppel) Stufe für Stufe in die Tiefe, da die Bretterwand (hinter ihr hat er seine Kartoffeln gelagert), da hört er doch schon wieder etwas… ist da was… eine Ratte… Ratten, nun wieder diese Geräusch und da taucht über der Bretterwand ein bartbewachsener Kopf auf, Augen starren ihn an („Schuster!… Schuster!… Verrat mich nicht! Ich bin’s, der Ludwig!“) es dauert… kein Wort bringt er heraus… kann nur glotzen… „Schuster, Schuster, ich vergesse dir’s nie!“ – „Mensch, Mensch! Das geht doch nicht! Da sind wir beide ja alle zwei verloren!“ (und was hatte ihn veranlaßt, inzwischen das Licht doch auszuknipsen) „Weißt du, wie lange ich schon auf deinen Kartoffeln liege! Zwei Tage! (nun war der andere (der Ludwig) doch über die Bretterwand geklettert und steht jetzt dicht vor ihm (sein warmer Atem) „Schuster, du kannst doch nicht wollen, daß sie mich auch noch zu fassen kriegen!“ (zitternd die Hände, die jetzt auf seinen Schultern liegen) „Und bei mir hat dich keiner gesehen!“ – „Woher denn! Für so saudumm wirst du mich doch nicht halten! Oder soll ich vielleicht zu anderen im Dorf gehen! Aber bei dir fällt es doch am wenigsten auf! Mensch Kraus! Hunger habe ich wie ein Wolf! Hast du gar nichts!“ – „Ja, schon! Ich will schau'n, was ich hab! Aber es geht doch nicht! Wir können doch kein Licht machen! Das fällt doch auf!“ – „Ja, Herrgott, hast du denn so eine Angst!“ – „So was ist doch kein Spaß! Es mag sein, wie's will, aber unsereins kommt ja doch zuletzt jedesmal in Kalamitäten. Ich hab' mich mein Leben lang aus allem rausgehalten. Ich will schaun, ob ich was zum Essen find!“ (draußen, der Wind hat sich gelegt, er ist nur noch ein Wehen, weit weg in der Ferne, und hin und wieder kommt jetzt auch der Mond durch die Wolken und in dem bleichen Licht, das da durch das Kellerfenster fällt, können die beiden Männer sich endlich sehen) „Da nimm!“ (sich jetzt nur noch auf das Essen konzentrierend, hatte sich der andere (der Ludwig) auf den Ziegelboden des Kellers niedergelassen und schlingt nun gierig in sich hinein, was ihm er (Kraus) aus der Küche geholt hatte (einen Weißling Milch, den Rest von einem Brotlaib, ein Stück abgesäbeltes Selchfleisch) „Schuster, das vergesse ich dir nie! Du bist doch einer von uns! Und sobald die Luft rein ist, verschwinde ich!“ – sagt da der Ludwig, ... „Lang halt ich das nicht mehr aus ... Lieber laß ich mich fangen!“, kommt eine sternenlose laue Maiennacht, in der er im Dunkeln „Ludwig“ flüstert, und noch einmal „Ludwig“ ruft und da er keine Antwort erhält anfängt, dort wo seine Kartoffeln liegen, herumzutasten, bis er schließlich „Hmm“ ... macht ... „Hmm“ ... „Weg ist er jetzt“ ... „Der ist jetzt weg“ ... „Hmm“ ... Und wenn sie ihn erwischen, was dann! ... „Dann sitz' auch ich im Dreck!“ ... usw.) – und es sind dann tatsächlich auch die Allbergerin und

Heingeiger, die da die Chaussee von Glaching kommen, die beiden waren in München, wo sie im Prozess gegen den Allberger-Ludwig als Zeugen vernommen wurden und die Allbergerin fängt auch sofort, als man auf der Chaussee zusammensteht, an zu erzählen: „Unser Herrgott hat mir meinen Ludwig doch lassen ... Die fünf Jahre, die er nun weg ist, gehen auch 'rum ... Ich schäm mich übern Ludwig auch gar nicht." (Der Heingeiger: „Du brauchst dich auch nicht zu schämen ... Jeder hat Respekt vorm Ludwig gehabt, sogar der Richter." – Die Allbergerin: „Und wie er dem Richter, als der wissen wollte, wo denn der Ludwig in den Wochen, in denen man ihn gesucht hat, geschlafen hätte, frech geantwortet hat: „In Federbetten wie Sie, Herr Richter, jedenfalls nicht.") und da sagt er (zum Heingeiger) (als man sich dann im Garchinger Forst auf der Chaussee begegnet): „Du, Heingeiger, mir ist vor ungefähr einer halben Stunde ein Automobil begegnet ... Es ist vorbeigefahren, aber nachher hat's angehalten ... Das ist der Silvan und noch ein Militärsmann drinnen gewesen ... Ich hatte sie gar nicht kennt, aber der Silvan hat mich kennt, und da hat er mich gegrüßt und gefragt, ob ich wüßte, wie es jetzt so zugeht im Dorf, und wo du wärst. Ich hab da gesagt, daß ich das nicht wüßte ... Und dann sind sie weitergefahren ... " daraufhin der Heingeiger: „Was! Der Silvan und ein Militärsmann, was wollten die im Dorf! Der Silvan und ein Militärsmann, was wollten die im Dorf! Und überhaupt, wo treibt der sich jetzt 'rum!" ICH HAB'S GUT GETROFFEN. JA, DAS HAB ICH GUT GETROFFFN ALSO DER KREITLER DER KREITLER HAT VERKAUFT DER KREITLER DER HAT SICH JETZT GESCHUNDEN UND GEPLAGT GENUG DER KREITLER DER HAT JETZT VERKAUFT UND KREITLER HAT EINEN GANZ GUTEN HANDEL GEMACHT ... DIE HÄLFTE IN UNSER GELD, ABER DIE ANDERE HÄLFTE IN

DOLLAR, DA KANN MIR NICHTS FEHLEN (DOLLAR? WIEVIEL NACHHER, WENN ICH FRAGEN DARF? – GESCHÄFTSGEHEIMNIS!) UND WAS ICH JETZT MACHEN TU? PRIVATISIEREN! ICH HABE MIR DIE SACHE ÜBERLEGT ... SO IST DAS NUN EINMAL NEUERDINGS HAT MAN DOLLAR, KANN MAN SICH ZEIT LASSEN ... DIES GELD NIMMT ZU WIE DER KLEE ((es ist vormittags kurz nach zehn, als Kreitler (es war also sein Schatten gewesen, der draußen vor den Fenstern seiner Werkstatt vorbeigehuscht war, es sich breitbeinig bequem macht auf der Ofenbank in seiner Werkstatt und sich (bei bester Laune) ausläßt über seine weiteren Absichten)) SO IST DAS NUN EINMAL NEUERDINGS HAT MAN DOLLAR, KANN MAN SICH ZEIT LASSEN ... DIES GELD WÄCHST WIE DER KLEE und der Jodl-Kaspar schiebt seinen kleinen, verwitterten grünen Hut, den er tagaus, tagein trägt sich ins Genick und sagt (während er ihm unternehmungslustig ins Gesicht kuckt ... „Vater, du brauchst durchaus nicht glauben, daß ich dich mit dem Übergeben drängen will, vorläufig überlaß mir nur einige fünf oder zehn Tagwerk schlagbares Holz.“ – „Was soll denn das? Willst du eine Sägemühle aufmachen, einen Handel mit Bau – und Nutzholz?“ – „Das laß nur meine Sache sein!“) und die Bauern, wenn sie sonntags nach der Frühmesse zu viert, zu fünft zusammenstehen, haben immer nur ein Thema (DA OBEN DIE ZWETSCHKENPLANTAGE, DIE IST WIEVIEL WERT UND DAS MACHT IN DOLLAR UND BETRACHTET MAN SIE AUCH NOCH ALS BAULAND, DANN BRINGT SIE BESTIMMT WIEVIEL SEID DOCH FROH, DASS ES UNS BAUERNLEUTEN AUCH EINMAL GUT GEHT. LANGE GENUG SIND WIR DIE DUMMEN GEWESN! EWIG NICHTS WIE RACKERN UND MUFFIGKEIT UND NOT UM UND UM! JETZT

WEHT ENDLICH EINMAL EIN ANDERER WIND UND DER TUT JEDEM GUT ES IST EINFACH EINE ANDERE ZEIT JETZT! MIT DER MUSS MAN MITGEHEN! WER NICHT MAG, DER BRAUCHT JA NICHT! ER KANN JA SEINEN ALTMODISCHEN STIEFEL WEITERMACHEN! und er (und was hatte eigentlich der Imsinger in der Postwirtschaft herumgeschrien, als er einen Zwanzig-Markschein zusammengerollt und sich mit ihm die Pfeife angezündet hatte) (MAN GEHE BITTE DAVON AUS, MIR KANN KEINE NOT UND KEIN TOD ETWAS ANHABEN! DER IMSINGER VON FURTWANG SCHEISST DIE GANZE WELT AN! BEDENKET DAS LEBEN IST KURZ, ALSO VERSCHLEUDERE ES!) und was hatte der Tratzelberger-Xaverl von Furtwang an diesem Sonnabendabend zu dem Moserknecht gesagt, als der Xaver dem Bertl gestattete, Platz zu nehmen auf dem Sozius seiner 250-er BMW („Bertl heute kaufen wir uns die Leminger-Vev von Terzling. Die geht leicht her, und ich hab auch schon hübsch vorgearbeitet.") und da die junge Frau an diesem Abend Xavers Besuch erwartet hatte, knipst sie, als die beiden bei ihr einsteigen auch kein Licht an und so ist es in dem Zimmer stockdunkel, als der Xaver ihr mit etwas ganz Speziellem kommt: „Vev, was ich dir gesagt habe, du wirst die Meinige, aber der Bertl hier hat mir im Krieg das Leben gerettet, er ist mein Freund auf ewig! Was ich krieg, muß der auch kriegen. Es erfährt keiner sonst, Vev!" und als eine Stunde später der Bertl erneut auf den Sozius der BMW klettern darf und er das Motorrad anwirft, da hat auch der Xaverl seinen Spaß… „Siehst du, Bertl, so muß man's machen. Und jeder von uns zwei hat was gehabt. Jetzt bin ich wieder frei wie ein Vogel. Wenn sie mir jetzt mit dem Heiraten daherkommt, sag' ich einfach, eine, die wo sich so leicht mit jedem einlaßt, auf so eine Drecksau reflektiere ich nicht! Außerdem, ich hab die Sau doch bezahlt!“ und was konnte man eigentlich drüben an der Wand von … s Scheune auf diesem roten Plakat entziffern DEUTSCHLAND ERWACHE! JUDA SCHWINGT DIE HUNGERPEITSCHE ÜBER DICH! ROTE SCHIEBER UND JUDEN REGIEREN DICH, DEUTSCHE MÄNNER UND FRAUEN, DEUTSCHE ARBEITER UND BAUERN! SCHAMLOS PRESSEN EUCH DIESE LAKAIEN DES INTERNATIONALEN BÖRSENJOBBERTUMS JEDEN PFENNIG AB, UM DEN VERSAILLER SCHANDVERTRAG ZU ERFÜLLEN! IHR UND EURE KINDER SOLLT FÜR DIESE LANDESVERRÄTER UND HALUNKEN JAHRZEHNTELANG IN NOT, ELEND UND KNECHTSCHAFT GEHALTEN WERDEN, NUR WEIL DER JUDE ES WILL! DARUM DEUTSCHE IN STADT IN LAND, AUGEN UND OHREN AUF! WEHRT EUCH! WEG MIT DEN BONZEN UND DEN JUDEN! SIE SIND UNSER UNGLÜCK) o, wie seine Hände zittern, als er auf dem Brief, den ihm der Stelzinger persönlich („Herr Kraus, ich bringe ihnen Glück und bestimmt einige Dollar! Ein Brief aus Chicago! (Auf dreiundhalb Billionen Papiermark steht an diesem Tag der Dollar) die Adresse entziffert und er mit dem Aufreißen des Briefes wartet, bis der Stelzinger nicht mehr da ist mit seiner Neugierde, doch was er zutage fördert sind keine Dollars, es ist ein mit einem Gemenge aus verschnörkelten Buchstaben beschriebenes Blatt Papier, das er da in den Händen hält und es dauert, bis er versteht, was er auf diesem Blatt Papier entziffern kann (LIEBER VATER! VIELLEICHT LEBST DU NOCH UND ERREICHT DICH DIESER BRIEF. WELL, I HOPE SO UND GUTE GESUNDHEIT. ES IST SO LANGE ZEIT UND ICH BIN ZU DICH SCHLECHT GEWESEN. PLEASE, VERGISS ES AND I THINK, WENN ICH

KANN. EINEN JOB BEKOMMEN, ICH WILL GUTMACHEN. IN THIS TIME ES GEHT MIR SEHR SCHLECHT, HABE KEINEN CENT UND WOCHENLANG KEIN ESSEN. IN AMERICA IS THE LIFE HARD AND ICH LESE IN THE NEWSPAPER, IN GERMANY IST ES NICHT GUT ALSO. WENN DU KANNST MIR HELFEN AND SEND A LITTLE MONEY, THIS IS MY ADRESS: JOHN KRAUS, 1732 MILDRE AVENUE, CHICAGO. USA. VERGIB MICH, LIEBER VATER, I WAR JUNG UND DUMM. AND ALL FROM MY HERZ DEIN SOHN – HANS) und so sitzt er nun in seiner Werkstatt zwischen all dem, was da noch erledigt werden muß, aber schon längst ist sein Blick nicht mehr auf das gerichtet, das er (noch immer) in den Händen hält, er faßt sich mit seiner Rechten in sein graues, widerspenstiges Haar, kratzt sich den Kopf, (stöhnt?), fängt völlig unvermittelt an schwer zu atmen (hatte er nicht dereinst verkündet: „Aus!“ „Fertig!“ „Was aus ist, ist aus!“) … „kein Essen! … Wochenlang! … Kannst mir helfen!“ und da … da … (das sind doch Tränen, da an seiner stopplingen Wange!) Da – tappt er schließlich die Stiege nach oben, aber was will er denn in dem vollgehangenen, nach Mottenkugeln riechenden Kleiderkasten finden, daß er da anfängt zu kramen … etwa diese staubige, schwarze Kassette, die, wie man gleich sehen wird, gefüttert ist mit blauer Seide, und sind diese sechs Silberlöffel, die sechs Kaffeelöffel, das (inzwischen schwarz gewordene) große Tranchiermesser nebst dazugehöriger Gabel, ist das etwa sein Hochzeitsgeschenk an seine Frau … vorsichtig, vorsichtig nimmt er sie aus der Kassette … vorsichtig, vorsichtig legt er sie wieder zurück in die Kassette … und diese schwere, goldene Uhr, die er da aus dem Zeitungspapier wickelt, so eine Uhr wird einem doch nur unter besonderen Umständen, oder aus Anlässen, die nur einmal stattfinden, oder nur wenn es nicht anders geht, von einem Vater geschenkt, und da weiß man auch, was der Herr Vater dem Sohn mit auf den Weg gegeben hat („Jul, die sollst du einmal haben. Aber trag sie nicht! Und zeig sie keinem! Besser, man sieht so etwas nicht bei einem unsrigen!“) (HANS ... HANS ... MEHR KANN ICH DIR NICHT BIETEN, ABER EIN BISSCHEN BRINGEN WIRD ES SCHON ... DOCH WER NIMMT SO ETWAS ÜBERHAUPT NOCH AN), kalt pfeift auf der Chaussee nach Amdorf der Novemberwind, aber er kommt nun doch (so eilige hat er es zum Juwelier Sulerschmidt, Ankauf von Brillantringen, Schmuck, Uhren, Gold und Silberwaren zu stets höchsten Preisen) beim Gehen ins Schwitzen (HANS, HANS, DAS WIRD SCHON), aber bleibt in Sulerschmidts Laden erst einmal bei der Ladentür stehen, dreht in seinen Händen den Hut (er will ja nicht stören), denn hinter seinem Ladentisch der Sulerschmidt ist nun schon eine ganz Weile beschäftigt, mit einem Kunden an ein Ende zu kommen ... und das dauert ... und dauert („Na, na, so selten ist das Stück nun auch wieder nicht!“ und es ist der Kunde, der dann abrupt Schluß macht „Wissen Sie was, ich überleg mir die Sache noch mal! – Bitte, mir soll’s recht sein!“) „Und was wünschen Sie, (nun hatte Sulerschmidt ihn da an der Tür doch entdeckt) „Was steht zu Diensten? Ach Sie, Herr Kraus aus Auffing. Jetzt erkenne ich Sie erst! Was führt Sie denn zu mir?“ (HANS, HANS, JETZT GILT’S) „Ich hätt’da was ... ich hätt das was zu verkaufen.“ – „Dann her damit! (und schon hat der spitzbärtige Uhrmacher sich die Kassette gegriffen) „Wenn ich’s brauchen kann, gerne!“ (HANS, HANS, JETZT GEHT ES LOS, JETZT GEHT ES LOS!) „Silberbesteck? Na ja, Silber wird ja in der letzten Zeit sehr viel angeboten, ich brauch’s eigentlich nicht, aber weil’s Sie sind, Herr Kraus. Und was haben wir denn da? Ein Tranchiermesser, ganz ordentliche Arbeit, aber wer bezahlt schon heutzutage eine solide Arbeit. Noch was? Ah, da, eine Uhr, das ist schon eher was. Ich frag Sie ja nicht, was Sie dafür haben wollen, Herr Kraus, solche Judenhandelsschaften gibt's bei mir nicht. Das wissen Sie ja. Wenn Sie ein bißchen warten wollen, bitte, ich prüf die Sachen und sage Ihnen, was ich Ihnen äußerst geben kann (HANS, HANS, DAS MUSS ETWAS WERDEN! DAS MUSS ETWAS WERDEN, WENN DER GLEICH AUS SEINEM HINTERZIMMER ZURÜCKKOMMT) „Aus Lemberg ist die Uhr? (zurückgekommen hat der Uhrmacher alles noch einmal auf dem Glastisch ausgebreitet) „Stammen Sie von dort?" – „Nein, nein!" (HANS! HANS!) „Die Uhr habe ich vor langer Zeit einmal wegen einer unbezahlten Rechnung nehmen müssen." – Na, das muß ja eine ziemlich hohe Schusterrechnung gewesen sein. „Also, Herr Kraus, und das ist ein sehr anständiges Angebot, ich sehe ja, wie schwer es ihnen fällt, sich von den Sachen zu trennen, sechzig Billionen kann ich Ihnen zahlen, soviel kriegen Sie nirgends!" – „Ja, ja, aber ich möchte dafür Dollars. Ich brauche sie!" – „Dollars? Nein, Dollars habe ich nicht, Herr Kraus. Hm, vielleicht kriegen Sie welche bei der Bank, aber ob die welche hat, ist die Frage. Dollars haben bloß die Juden." – „Aber ich brauche Dollars! Ich muß sie haben! (HANS! HANS!) „Tut mir leid, dann müssen Sie schon zu so einem jüdischen Halsabschneider gehen!" und es ist der Uhrmacher, der alles wieder in die blecherne Kassette verpackt, ihm hilft die Kassette zurück in den Rucksack zu schieben, den Rucksack wieder aufzusetzen und dann nimmt er sich sogar die Zeit, ihm die Tür zu öffnen und guckt sogar noch genauer hin, wie Kraus so davon tappt, UND DANN DIESER PLATTFÜSSIGE GANG. NAJA, JETZT WÜRDE ES MICH NICHT WUNDERN, WENN DER AUF SEINEM NACHHAUSEWEG BIS AUFFING VOR SICH HINBLABBERT, „sind gewesen in der schönen Stadt

Lemberg, meine Mama, mein Papa, mein schönes Schwesterlein und ich / haben dann einsteigen müssen in diesen Waggon, meine Mama, mein Papa, mein schönes Schwesterlein und ich / sind in dem Waggon viele, viele Tage gefahren meine Mama, mein Papa, mein schönes Schwesterlein und ich und noch viele, viele andere Leute, daß es so eng war in dem Waggon, daß sich keiner setzen konnte / haben aussteigen müssen aus dem Waggon meine Mama, mein Papa, mein schönes Schwesterlein und ich und die vielen, vielen anderen Leute und sind gegangen ins Gas…", und es ist der bessere von seinen beiden Mänteln, in dem er am Morgen (nach dieser Nacht, in der immer wieder HANS, HANS, ES MUSS ETWAS WERDEN…) in der oberen Kammer vor dem Spiegel steht (und sieht, was den Mantel betrifft, der ist durchaus noch in einem akzeptablen Zustand) und so will er gerade seinen Rucksack aufsetztten, (der stand seit vorgestern unausgepackt in einer Ecke), doch da… (Halt… halt… sonntagsgemäß angezogen, doch dann einen Rucksack auf dem Buckel, da wird doch schon der Heingeiger der erste sein, der, kaum daß du das Haus verlassen hast, dir über die Straße hinterher ruft „Kraus, wo aus und wohin!" und dich zusammennehmen mußt, daß du bei deiner Antwort nicht zu sehr ins Stottern kommst, auf dem Buckel einen Rucksack, da kann dein Mantel noch so ordentlich aussehen, in der Stadt sieht jeder auf den ersten Blick, der kommt doch vom Dorf,… und erst die Goldankäufer, wenn die sehen, aus was für einem Rucksack ich mein Zeug ziehe, wittern die doch sofort Morgenluft, nun aber mal los und dem Bauer das Fell über die Ohren gezogen, wenn es nicht schlimmer kommt…) die Sachen, die sie mir hier präsentieren, wo haben Sie die überhaupt her… Zeigen Sie mir einmal Ihre Kaufbestätigung… Vielleicht ist es besser, ich rufe erst einmal die Polizei!… Polizei!… Polizei!… „Und was ist denn da auf den Uhrendeckel eingraviert? Lemberg? Wieso das! Also bitte, dann folgen Sie mir!“, und Tage wird es nicht dauern und Heingeiger hat die polizeiliche Anfrage erhalten, betreffs der polizeilichen Anmeldung eines gewissen…, dieser kleine Zettel, wo hat er den überhaupt gelassen,…und so wickelt er schließlich seine Schmuckstücke in ein seidenes Taschentuch, verstaut sie in eine gut erhaltene Zigarrenkiste, schnürt die sorgfältig zu, wischt das kleine, braune Lederköfferchen, dem er jetzt seinen Schatz anvertraut, sorgfältig ab, schiebt den Brief von Hans in eine der Seitentaschen seines Mantels…er hat einen Sohn in Amerika und der hat Hunger und braucht Geld, das sollte doch Legitimation genug sein, ruft Heingeiger, dem natürlich nicht entgangen ist, daß er etwas vorhat, ganz kurz und schneidig zu: „Ich muß in die Stadt!…Genossenschafts-Ledergroßhandlung der Schuster-Innung!…Da kriegt man Leder leichter und billiger ist es auch!“ und dem Stelzinger, der ihm auf der Chaussee nach Amdorf (KALT PFEIFT DER WIND, ALS ER DEN FORST HINTER SICH LÄSST UND VEREINZELT TREFFEN IN DEM KALTEN WIND SCHNEEFLOCKEN SEIN GESICHT. VON DIESEM WIND IMMER WIEDER HIN UND HER GEBOGEN, REIBEN SICH DIE APFELBÄUME BEIDERSEITS DER STRASSE AN IHREN STANGEN EIN DÜNNES GEQUIETSCHE. UND DIE FELDER LINKS RECHTS DER STRASSE ÖD UND AUSGETROCKNET) mit seinem Postfuhrwerk entgegenkommt und wie immer neugierig ist („Na, wie war’s denn? Hat der Herr Sohn Dollar geschickt? Wie geht’s ihm denn?“) hat er auch eine Antwort parat…„Soweit ganz gut. Vorläufig hat er noch nichts geschickt, er hat ja auch gar nicht wissen können, bin ich überhaupt noch am Leben!“ und so kann er schließlich in dem nur spärlich besetzten Zug nach München Platz nehmen in einer Fensterecke, sein

Köfferchen auf seine Oberschenkel stellen (und daran muß ihn durchaus keiner erinnern, das macht er schon von sich aus, sicher ist sicher) beide Hände auf sein Gepäckstück zu legen und sich ganz dem hingeben, was da an diesem frühen Vormittag in dem Waggon geredet wird, hin und her gehen dabei der Kopf dieses Herren, der eben noch ganz vertieft war in seine Zeitung („Vorläufige Einigung in der Reparationsfrage! Deutschland bietet Anleihegewährung zur Ankurbelung der Wirtschaft! Ende der Währungskatastrophe! Rentenmark tritt in Kraft!" (kann man auf der Titelseite entziffern), und diese Herren in dem karierten Mantel und auch der vor ihm, der, wenn er nichts sagt, etwas abwesend aus dem Abteilfenster kuckt (DIE WIRTSCHAFT MUSS IN GANG KOMMEN! WAS IST DENN DARAN NICHT ZU VERSTEHEN! SELBSTVERSTÄNDLICH VERLANGEN DIE SIEGER VON UNS WIEDERGUTMACHUNG SO WAR'S BEI JEDEM KRIEG NA JA, UND WIR NATÜRLICH, WIR SCHAUEN, DASS WIR MÖGLICHST BILLIG DABEI WEGKOMMEN! AUCH VERSTÄNDLICH, DURCHAUS! ABER UNSERE GANZE WIRTSCHAFT IST DOCH DURCHEINANDER UND DAS GANZE REICH IST INSOLVENT! MIR IMPONIEREN DIE AMERIKANER, ÜBERHAUPT DIE ANGELSACHSEN! HOHOHO! DIE AMERIKANER, DIESE HALSABSCHNEIDER, GANZ HUNDSGEMEINE AUSPLÜNDERER SIND SIE! ABER WIE SONST SOLLTE MAN UNSERE RENTENMARK WIEDER STABILISIEREN, WENN UNS DIE AMERIKANER NICHT ANTEILE GEBEN UND BESTIMMTE SICHERHEITEN ...), aber bis er wieder abends an seinem mit Wachstuch überzogenem Küchentisch sitzt, sich die Brille aufsetzt und das Blatt Papier, das vor ihm liegt, näher an sich heranschiebt, nach dem Federhalter greift und laut überlegt (LIEBER SOHN, DEINEN BRIEF HABE ICH ERHALTEN. ICH BIN GESUND UND ES GEHT MIR GUT UND ICH KANN NOCH ARBEITEN) dann aber innehält und erneut laut überlegt „Ja, Sohn, das stimmt schon. Er ist schon lange nicht mehr der kleine Hans, ist doch ein ausgewachsener Mann!“, dann aber schreibt er (DRIN IN DER STADT HABE ICH HEUTE VIERZIG DOLLAR IN UNSEREM GELD AN DICH GESCHICKT, DU WIRST DAS GELD JA HOFFENTLICH BALD ERHALTEN. HABE ALSO GEDULD. SCHREIBE WIEDER, ABER SCHREIBE BITTE KEINE AMERIKANISCHEN WORTE MEHR, DIE VERSTEHE ICH NÄMLICH NICHT. GIB ANTWORT. VIEL GLÜCK! DEIN VATER!) und (nachdem er den Federhalter beiseite gelegt hat) das was er da geschrieben hat, nocheinmal überfliegt, auf das Kuvert, das er sich bereits vorher zurecht gelegt hatte, ganz sorgfältig Buchstabe für Buchstabe … JOHN KRAUS … (die Adresse entnimmt er dem Brief, den er sich auf dem Tisch bereit gelegt hatte), sich dann auch noch mit Stelzinger einigt, daß der Brief abgeht per Express (und er aufatmen kann HANS HANS DAS MUSS ETWAS WERDEN DAS WIRD SCHON ETWAS WERDEN) muß er erst noch bei dem dritten Händler (auf dessen Ladentisch er seine Sachen ausgebreitet hatte, und auch bei ihm war es die goldene Taschenuhr, für die er sich besonders interessiert) sich trauen, für seine Sachen eine Summe zu nennen, die doch deutlich höher war, als die, die ihm die beiden anderen, deren Geschäfte er zuvor aufgesucht hatte, genannt hatten, „Hundertfünfzig Rentenmark, hatte ihm der erste angeboten, aber er hatte hundertsiebzig gefordert, hundertsechzig, hatte daraufhin der Händler und „Höher gehe ich nicht!“ geantwortet, worauf er alles wieder in sein Lederköfferchen verstaut und wortlos das Geschäft verlassen hatte, und der zweite war dann von sich aus auf hundertachtzig hochgegangen (und da hatte er noch nichts davon gesagt, daß er eigentlich mit Dollar bezahlt werden wollte), das sagte er dann von vornherein dem dritten, worauf der ihm antwortet „Kein Problem. Vierzig Dollar." Und „Das ist aber das Äußerste!" anbot und muß er erst noch von dem Beamten am Schalter der nächsten Post („Da gehen Sie jetzt die Bayernstraße hinauf am Bahnhof vorbei, verstehen Sie? Immer geradeaus, aber vorher links. Die Post ist das erste große Gebäude nach dem Bahnhof!") erklären lassen („Wohin wollen Sie ihr Geld schicken? Nach Amerika? Aber nach Amerika können Sie von Deutschland nur Mark durch Postanweisung schicken. Und die Dollars müssen nach dem jetzigen Kurs ausgerechnet werden. Und wieviel Dollars haben Sie? Vierzig, also das macht... das macht hundertfünfundvierzig Reichsmark („O Gott, und der zweite Händler hatte mir hundertachtzig geboten!") „Und kommt das Geld nun auch ganz sicher in Dollars in Amerika an?" – „Herr Kraus, da seien Sie ganz beruhigt!", und während in seiner Werkstatt nun auch nachts (nach neun) noch Licht brennt (man neuerdings die Schuhe, die man ihm gebracht hatte, bereits am nächsten Tag wieder abholen kann) und er halbe Nächte verbringt um seine Küche und andere Räumlichkeiten seines Hauses zu streichen (selbst die Elise, die ihn auch jetzt des öfteren besucht, kann da nur staunen: „Herr Kraus, Herr Kraus, was ist denn mit Ihnen los, haben Sie denn nur noch gute Laune?") (Und nicht nur einmal passiert es, daß man hören kann, wie er drin in seiner Werkstatt bei der Arbeit singt (WAS DUFTET DOCH DER FLIEDER / SO MILD, SO STARK UND VOLL! / MICH LÖST ES WEIT DIE GLIEDER...) aber dann kommen doch erste Zweifel auf „Und wenn der Junge das Geld gar nicht bekommen hat. Jemand hier sein böses Spiel getrieben hat, der Brief und das Geld sind längst...", und so sucht er immer öfter Stelzingers Laden auf („UND IN DER POST, DA WAR KEIN BREIF FÜR MICH DABEI!) bis er schließlich erneut nachts (vor ihm liegt nun wieder ein Blatt Papier) an seinem Küchentisch sitzt und erneut nach Formulierungen sucht (LIEBSTER HANS! HAST DU MEINEN BRIEF ERHALTEN! LIEBSTER HANS, GAR NICHTS HÖRE ICH VON DIR! ICH SCHICKE DIR JA GERN NOCH WAS, LIEBSTER HANS, ABER GIB ANTWORT!) und am Vormittag danach (bei Schneetreiben!) auf dem Weg ist (Nein, nein, der Stelzinger kriegt von mir keinen Brief mehr in Auftrag, weiß man, ob nicht er…) zur Post in Amdorf und während er nun tagtäglich zwischen halb elf und elf am Fenster seiner Werkstatt steht und Aussicht hält (Na, na, vielleicht ist draußen doch der Stelzinger zu sehen, wie er unterwegs ist zu mir, und in der Hand hält er einen Brief…), er bald nur ein Thema hat über das er redet, und er immer öfter Gelegenheit findet, mit sich selber ins Gespräch zu komme (WAS BIST DU ÜBERHAUPT SO UNGEDULDIG! VIELLEICHT KRIEGT DER HANS DEINEN ZWEITEN BRIEF GRAD JETZT! DA KANN JA SEINE ANTWORT NOCH GAR NICHT DA SEIN! UND ÜBERHAUPT BEI DEM WETTER, DA GEHT DOCH KEIN SCHIFF. UND STÜRMISCH WIRD ES AUCH DRÜBEN IN AMERIKA SEIN) sitzen sie (er und der andere, bei dem er über Nacht geblieben war) nachdem man gemeinsam seinen Morgenkaffee getrunken hatte, bei ihm am offenen Fenster (aus dem der Blick auf nichts anderes als auf Hinterhausmauern, andere offene Fenster, aus denen kommt der übliche sonntägliche Lärm und einige tiefer gelegene Flachdächer geht), die Hausfrau (eine junge, hochschwangere Blondine hantiert derweil in der Küche am Gasherd, bei ihr (am Boden krabbelnd) ein etwa einjähriges Kind) und es ist Ludwig, („Der Ludwig hat geschrieben, er kommt bald frei, seine Zeit ist vorbei. So übersteht sich alles. Und er hat geschrieben, dass er heim will, der Ludwig!“) der das Gespräch da am Fenster eröffnet: „Du kannst sagen, was du magst, wie wir die Räterepublik gemacht haben, das war ein Fehler, ein Fehler, den wir begangen haben. Da laß ich keine Ausreden gelten. Das ist ja auch immer unser Streit auf der Festung gewesen.“ (daraufhin der andere) „Fehler können wir gemacht haben, das gebe ich zu. Aber wenn uns diese niederträchtigen Sozialdemokraten nicht so offen verraten hätten, da wär's sicher ganz anders geworden. Wenn die Schufte nicht mit den weißen Kosaken auf uns los wären, hätten die Massen ganz sicher…“ – „Wenn, wenn“ (ganz ungeduldig wird da der Ludwig und zerdrückt seine Zigarette auf dem blechernen Aschenbecher) „Wenn, wenn! Wenn du einen Ochsen in die Apotheke stellst, ist der noch lange kein Apotheker. Ich sag' dir, Genosse, ich bin dem Volksgericht gar nicht so bös, daß's mich für fünf Jahre eingelocht hat. Ich hab' Zeit gehabt und nachdenken können. Du sagst die Masse, aber darunter stellt sich jeder von den Unsrigen etwas ganz verschiedenes vor. Die meisten meinen, die Masse, das sind einfach die Arbeiter, die auf unserer Seite sind, für die anderen ist die Masse diejenigen, die, wenn wir etwas machen, mit uns einfach mitgehen, aber ich denke mir, Masse, das sind doch nicht nur wir kommunistischen Arbeiter, das sind doch alle. Die Frage ist doch, warum sind denn nun die Massen, zum Beispiel die Bauern in der Überzahl so schnell mit den Weißen gegen uns gezogen?“ – „Weil man uns nicht die Zeit gelassen hat, sie gehörig aufzuklären! Weil die staubigen Brüder, die Sozialdemokraten, so schnell bei der Hand gewesen sind mit der erzreaktionären Generalität, weil sie Angst hatten, wir erfassen die Massen!“ – „Herrgott, jetzt laß mich schon in Ruh mit dem alten Schmäh! Wie ist das eigentlich, da heißt es immer, unsere Partei will Menschen, die selbstständig denken. Aber tust du das wirklich, das heißt's. Was du da denkst, ist grundverkehrt. Richtig ist bloß, was die Partei sagt und unsereiner hat zu parieren. Ich denke mir, in der Partei hocken doch auch bloß Menschen wie wir, die Fehler machen. Was mich betrifft, ich bleib nicht herinnen in der Stadt, ich geh heim, ich denke mir, da kann ich mehr leisten für das, was wir alle wollen!" fast feindselig ist jetzt die Stimmung zwischen den beiden Männern, die da in dem Zimmer (noch immer rauchend) wortlos hin und her gehen... kommt mit seinem schweren Armeerucksack aus braunem Segeltuch und diesem schweren gelben Vorhängeschloß mit dem Posthalter aus Amdorf ( ) und geht („Na, jetzt bin ich wieder einmal da!") sofort hinauf in seine Kammer, packt dort (vor sich hinpfeifend) seinen Sack aus (unten in der Küche Heingeiger zu seiner Tochter, der Elise: „Na, jetzt wollen wir halt sehen, was der Silvan im Sinn hat.") und mehr wird dann auch nicht gesprochen, aber was hat er eigentlich vor, was hat er eigentlich vor, (selbst Tage nach seiner Rückkehr trägt er die etwas modischen Sachen, die er sich erst vor kurzem gekauft haben muß, aber bei ihm sieht alles aus, als würde er eine Uniform tragen), was hat er eigentlich vor, selbst nach Tagen hatte ihn das noch keiner gefragt, (aber was ist denn das, da kommt einer nach Monaten, Jahren wieder nach Hause, aber keiner fragt ihn etwas, und wenn er etwas fragt, wird ihm nur knapp geantwortet, und passiert es deswegen so selten, daß ihn jemand anspricht „Könntest Du vielleicht mir..." (helfen bei...) soll dem endlich dämmern, es wäre besser gewesen und er wäre nicht gekommen, er ist hier völlig überflüssig, aber Peter, Peter, Peter nimmt nicht teil an diesem Schweigen, Peter fragt ihn einmal am Abendbrottisch: „Wo bist du jetzt solang gewesen, Vetter. – „So, so," antwortet der ihm da, „ich bin also dein Vetter.“ und als ihn ... (ein ehemaliger Kriegskamerad) nach dem Hochamt in der Postwirtschaft anspricht: „Jesus, Silvan. Jetzt bist du auch wieder daheim. Was hast du denn die ganze Zeit trieben?“, antwortet er (mit einem schiefen Lächeln) „Das möchtest du gern wissen, was, neugieriger Tropf, neugieriger. Polen und Russen habe ich Anstand beigebracht!“, antwortet er ihr (die schon weiß, wie man hier vorzugehen hat, behutsam, behutsam und nicht mit der Tür ins Haus fallen) und die sie angesprochen hatte („Elise, dein Bub hat keinen Vater. Und wenn sich heut einmal bei euch etwas ändert, was dann.“) auf dem Nachhauseweg von der Nachmittagsvesper „Für den Bub’ komm ich schon auf. Da braucht sich keiner drum kümmern. Ja, mein Gott, wenn gar nicht mit ihm auszukommen ist mit Silvan, wenn er mich absolut draußen haben will, nachher muß ich halt als Dirn einstehen.“, aber mustert seitdem doch des öfteren den Jungen und was hatte die Rotholzerin auf diesem Heimweg ihr noch mitgegeben („Elise, die Frau Direktor Vogelreuther und ich haben neulich mit dem Pater Superior über deinen Peter gesprochen, und der Pater Superior hat da gemeint, so was Gewecktes und Gescheites wie den Peter gibt’s nicht leicht und hat gemeint, ob er nicht studieren sollte, der Bub, auf Geistlichkeit, sein Leben brauchte er sich da nicht zu plagen, und ist er einmal ein geistlicher Herr, ja dann ...“) „Jaja, ja ja, das schon, aber wenn der Junge keine Freud’ hat an der Geistlichkeit?“ – „Ah!“ (die Rotholzerin dachte also keineswegs daran nachzugeben) „Was weiß denn ein Kind, was ihm im Alter gut tut!) und war das schon Kapitulation, als sie der Rotholzerin geantwortet hatte („Ja ja, als Kind weiß man ja nie, was einem sein Glück bringt.“), aber ein festes „Ja! „Ja!“ „Ja“, war nicht über ihre Lippen gekommen, aber seitdem legt sie schon Wert darauf, daß der Junge sie nun regelmäßig (Motto: „Kuckt nur her Leute, kuckt her, das kriege ich schon hin, daß mein Junge ein anständiger Junge wird!") bei ihr ist, wenn sie zur Nachmittagsvesper geht... es ist Anfang März und es hat nun schon seit Wochen nicht geregnet und die Bauern, so spart man Stroh für die Ställe, harken in ihren Waldstrichen das Laub des letzten Herbstes zusammen, in Heingeigers Wald oben auf dem Kamm des Hügels von Glaching sind es die Heingeigerin und Elise, die das Laub zu Haufen zusammenharken und der Silvan fährt es auf einem Leiterwagen in die Ställe, der Wald am Hang, der gehört dem Moser und dort sind die Moserin und ihr Knecht mit dem Laubharken beschäftigt... „Elise! Siehst du nicht, drüben der Knecht vom Moser, der Bertl, oder wie heißt der eigentlich der hat schon wieder seine Arbeit unterbrochen, steht schon wieder und kein Baumstamm, weder Eiche, noch Buche, noch herunterhängende Zweige, können ihn daran hindern, daß er dich schon wieder anglotzt!" („Der damische Kerl, der damische Kerl, was der wohl will?") und da ist man auch schon bei der Arbeit sich so nahe gekommen, daß der Bertl nicht einmal schreien muß, als er schon wieder... „Grad fleißig bist du, Elise." (und sie dabei anglotzt, als müßte sie ihm darauf tatsächlich antworten), keine Antwort, aber er läßt nicht locker „Mit dir wär' ein Mannsbild aufgerichtet." Und was ist jetzt, was ist jetzt, soll das etwa ein Lächeln sein, was der sich da abquält, aber Elise weiß schon, was sie da zu antworten hat... „Ich hab' kein Verlangen damit!!", doch er... „Daß du dein Lebtag eine Dirn daheim machst, das verstehe ich nicht." (was will der, was will der) „So was ist meine Sache. Und glotz mich nicht so an. Kümmere dich um deine Arbeit!" (Was will der, was will der, der soll endlich abhauen) „Hm. Einem so fleißigen Weiberst schaut man doch gerne zu!" – „Geh! Damischer Kerl, damischer Kerl! Meine Ruh laß mir, sag ich!"(aber ist sie den damit jetzt los, ist sie den jetzt los, nur weil sie sich umdreht und nun auf der gegenüberliegende Seite ihres Waldstrichs weiter harkt)... es ist Sonntagnachmittag und sie kommt (diesmal allein) von der Nachmittgsvesper in Weylarn, da kommt er („Was macht denn der hier?“) vor ihr aus der Straße nach Terzling und geht, er hat sie an sich vorbei gehen lassen, hinter ihr her, bleibt eine ganze Weile hinter ihr, sagt dann auch „Elise, hast du es denn gar so pressand?“, bleibt aber weiterhin hinter ihr. „Du kannst ja langsamer gehen“, was soll sie darauf schon antworten, aber abgeschüttelt hat sie ihn damit nicht, und dann hört sie ihn schon wieder... „Bist du in der Weylarner Kirche gewesen. Gell, die ist schön. Da ist gut beten, weil man die ganze Zeit kommod sitzen kann“, und nun hat er sogar zu ihr aufgeschlossen und geht neben ihr immer in gleicher Höhe, geht immer in gleicher Höhe neben ihr her... geht immer in gleicher Höhe neben ihr her... nur kurz wandert beim Gehen, das immer rascher wird, ihr Blick über die Felder beiderseits der Straße, auf denen es nun grün wird, da vorn, das ist der Fichtenwald von Glaching, aber bis sie denen erreicht haben, wird es noch dauern und noch immer geht der stumm neben ihr her,... sie ist es schließlich, die dieses stumme Nebeneinander hergehen nicht mehr aushält... „Wo willst denn hin?“ – „Heim, zu den Stallarbeiten wie du.“ (er wäre bei den Vogelreuthers in Terzling gewesen, die hätten einen Hausmeister und Gärtner gesucht, und da wird ihr doch etwas leichter, der will also doch nur mit jemandem reden und das wird sie schon überstehen) „So? Magst du nimmer bleiben beim Moser?“ – „Jaja. Und man will sich ja auch einmal selbstständig machen. Aber die Vogelreuthers suchen einen Verheirateten. Die Frau soll Köchin machen.“ – „So.“ (aber mehr kriegt sie da nicht heraus, aber eben hatten sich ihre Blicke getroffen und hat er sie da nicht angeglotzt, wie damals beim Laubharken und dann dieses Mundverziehen, was wahrscheinlich ein

Grinsen sein soll)…" Elise, Elise, wie du weißt, ich bin kein schlechter Mensch." (als er das sagt, war er inzwischen noch näher an sie heran getreten, aber sie war ihm sofort ausgewichen) Er: „Ich will dir schon lang was sagen." – „Mein Ruh' laß mir!", und damit geht sie nach drüben auf die andere Straßenseite, aber er (war auf der Straßenmitte stehen geblieben und hatte sich kurz nach beiden Seiten umgeguckt) „Elise, ich tu dir doch nichts!", und da ist er auch schon wieder, obwohl sie nun nicht mehr hochguckt und noch schneller geht, an ihrer Seite und hetzt neben ihr her, bis sie schließlich stehen bleibt und ihn anfleht: „Bertl, geh! Was willst du denn?" „Gar nichts" (sagt er da, doch sein Blick (…) – „Bertl, wenn uns wer so daherkommen sieht. Das geht doch nicht. Was denken die Leut!" – „Die Leut? Was ist denn da Schlechtes dabei!" (und da sind sie auch schon in den Glachinger Fichten, nur ihre hastigen Schritte und ihr hastiges Atmen ist in der Stille zu hören) „Elise! Ich hätt' viel zu reden mit dir! Du bist doch eine vernünftige Person!" – „Ich will nichts wissen! Allein laß mich!" (kommt denn hier keiner, es soll jetzt jemand kommen) „Eine mit einem ledigen Kind braucht sich nicht so zieren!" (und da verstellt er auch schon mit einem Schritt ihr den Weg, an ihrem Arm sein Griff, sie (die aufgeschrien hatte) reißt sich los, rennt über die Straße in die Fichten, aber da ist er schon wieder hinter ihr, reißt sie um…"Jetzt kommst mir nimmer aus, du scheinheiliges Vieh, du!" und da obwohl sie jetzt erneut schreit und versucht wegzukommen, fällt auch schon dieser Schatten über sie her und das nimmt kein Ende, das hört einfach nicht auf…es dauert, bis sie, was sie sieht, sieht, über ihr da oben zwischen den Ästen der Baumwipfel diese Fetzen blauen Himmels, (würzig die Waldluft, die sie (nun schon eine Weile in sich hinein saugt), irgendwie will sie (aber kriegt es einfach nicht) die Augen schließen (aber will sie das überhaupt) an ihrer Stirn, da muß etwas sein, da spürt sie etwas und auch an ihrer Nase tut ihr etwas weh, aber wo ist eigentlich ihr Hut… hm…hm…hmm…aber jetzt kommt in den Bäumen ganz oben Bewegung, ganz leicht bewegen sich da oben Zweige hin und her, aber nun herrscht auch da oben wieder Bewegungslosigkeit, aber wie kommt es eigentlich, daß sie anfängt zu frieren,…ah, ihr Rock, ihr schwerer, langer Rock liegt als ein unordentlicher Haufen auf ihrer Brust, es dauert, bis es ihr dämmert, daß sie gegen diese zunehmende Kühle, dieses Prickeln auf ihren Schenkeln (sind da bereits Ameisen zugange) etwas unternehmen muß und sie sich aufrichtet, den Rock nach unten streift, laut durchatmet, und da, kaum, daß sie auf den Beinen steht, fängt sie an zu weinen (und es ist kein lautes Weinen, es ist ein Weinen, bei dem man sofort hört, hier wird sich nicht verausgabt, hier fängt etwas an, was länger dauert, was vermutlich nie aufhören wird, ihr fließen Tränen, aber man hört nur ein leises…) und so weint sie, als sie sich bückt und ihren Hut aufhebt (er lag einen Arm weit entfernt auf dem Tannennadelboden), als sie daherkommt und sofort in den Stall geht und der Dirn beim Melken hilft, als der Bauer aus der Postwirtschaft kommt und auf sie einredet („Was ist's denn, Elise, was ist's denn!") und der Junge sich an sie preßt („Mutter, Mutter, was hast du denn, Mutter!"), als sie brockenweise erzählt, was passiert war und es um sie herum immer stummer wird, und so weint sie, als ihr Vater bei Moser nach dem Knecht nachfragt („Hier muß er sein, der Saukerl, der gräusliche!", als der Heingeiger den Silvan scharf mustert und von ihm wissen will („Wo hast du denn deinen Freund, den Bertl? Er hat heut nachmittag beim Heimgehen die Elise notzüchtigt! – „Was? Was? Der Kerl muß sofort ins Zuchthaus! Mir, wenn er unter die Finger kommt, ich schieß ihn nieder wie einen Hund!" und so weint sie, als er ihr im Landgericht gegenübergestellt wird und sie antworten muß, ob sie ganz bestimmt wüßte, es war dieser Mann, der sie vergewaltigt hätte, und dieses Weinen ist noch zu hören, als (tags zuvor hatte ihr der Heingeiger noch mitgeteilt, sie müsse noch einmal aufs Landgericht zu einem Verhör) der Dirn auffällt, daß sie nicht zur Stallarbeit kommt, als im Haus nach ihr gerufen wird, man im Haus nach ihr sucht und schließlich auf der Tenne das Licht anknipst und da sehen sie (ICH KANN BLOSS ANGEBEN, DASS ICH'S HEIRATEN FEST IM SINN GEHABT HAB', EINE SCHLECHTIGKEIT HAB' ICH DURCHAUS NICHT GEMACHT. – SIE IST GLEICH IN DER NACHBARSCHAFT GEWESEN, DIE ELIS. DA HAB' ICH AM EINFACHSTEN HINTER IHR HER SEIN KÖNNEN. DASS SIE ARBEITEN UND SPAREN KÖNNEN, DAS HAB ICH'ICH JA GEWUSST, UND WEIBSBILDER ÜBER VIERZIG, GAR WENN SIE EIN LEDIGES KIND HABEN, DIE GEHEN LEICHTER HER. IHR BUB IST JA AICH HÜBSCH HERGEWACHSEN, UND EINEN SCHÖNEN BATZEN GELD HÄTT' SIE MIR AUCH MITGEBRACHT) diesen schrägen Schatten auf den Heuschober werfend hängt sie lang und kerzengrade am Mittelbalken ... sonnig (und warm) ist es im Zimmer des Pater Superior (und das Zimmer ist voller Zierpflanzen und Aquarien) und als er („Der Pater wünscht dich dringend in einer sehr persönlichen Angelegenheit zu sprechen.“) das Zimmer des Superior betritt und ihm der hochgewachsene (und ziemlich umfängliche) Jesuit freundlich lächelnd entgegenkommt, ihm einen Stuhl anbietet und dann erst einmal über das herrliche Sommerwetter und die zu erwartende gesegnete Ernte redet, versteht er alles und versteht nichts, aber dann ... aber dann (erst zwölfmal und dann noch dreimal schlägt in diesem Augenblick im Hintergrund die antike Standuhr des Paters) zieht der Pater aus einer großen ledernen Mappe einen zusammengefalteten Brief, erhebt sich von seinem Platz und (ihn dabei aber nicht aus den Augen läßt) übergibt ihm („Lesen Sie! Lesen Sie!“) diesen Brief und (läßt ihn danach erst einmal allein) und so sitzt er nun und liest und liest (UND SO MÖCHTE ICH HOCHWÜRDEN HERRN PATER FEST ZUSAGEN, DASS ICH NACH INSTÄNDIGEM GEBET UND REIFLICHER ÜBERLEGUNG ZU DEM SCHLUSS GEKOMMEN BIN, MEINEN SOHN PETER FÜR DEN HEILIGEN PRIESTERSTAND ZU BESTIMMEN. DAS GELD FÜR DAS STUDIUM, WELCHES HOCHWÜRDEN HERRN PATER VON EINER UNGENANNTEN PERSON ZUR VERFÜGUNG GESTELLT WORDEN IST, DIESE GROSSMÜTIGE STIFTUNG BEDEUTET FÜR MICH SOVIEL WIE EIN ZEICHEN DES ALLMÄCHTIGEN, SO DASS MEIN ENTSCHLUSS MIR UM SO LEICHTER WIRD. MÖCHTE MITTEILEN, DASS ICH ES MEINEM SOHN NACH BEENDIGUNG SEINES STUDIUMS ODER BEI MEINEM ABLEBEN ZU KOMMEN LASSE, DASS ER SICH ALS GEISTLICHER INSTALLIEREN KANN) und versteht nichts und versteht alles und kann dann (als der Pater zurückkommt ins Zimmer) doch nur vor sich hinstammeln („Ja, jetzt weiß ich, jetzt weiß, aber daß der Peter ein Geistlicher werden soll ist ausgeschlossen!“ – („Herr Bürgermeister, so ein leuchtendes Beispiel über das Grab hinaus! Auf das sie stolz sein sollten!“) – „Ich weiß nicht … ich weiß nicht!“, aber abends in der Postwirtschaft, nach den drei Bier, da läßt er endlich, endlich seinen Gefühlen freien Lauf (DIESE KUTTENBRÜDER, DIE STAUBIGEN, FÜRCHT ICH NOCH LANGE NICHT. DIE SOLLEN MICH KENNENLERNEN, WENN SIE NOCH MAL WAS WOLLEN. DER SILVAN SAGT JA AUCH IMMER ÄRGER ALS WIE DIE JUDEN SIND SIE,

DIE SCHLITZOHRIGEN KUTTENBRÜDER, SAGT DER SILVAN AUCH! DIE HURENPFAFFEN! DIE ERBSCHLEICHER, DIE SCHLEIMIGEN! DIE SPITZBUBEN! usw.) und er sternenhell ist die Nacht, in der er mit ihm (SO HABEN SIE DICH JETZT WIEDER LOSGELASSEN AUF UNS, ALLBERGER-LUDWIG, HERSCHAUEN TUST DU NICHT, ALS WIE WENN DU DIR DIE HÖRNER ABGESTOSSEN HAST, DU SPITZBUB, DU BRANDROTER ... ABER GELL, WENN DU DICH WIEDER HERUMTREIBST, LASS MICH AUS DEM SPIEL) einmal ins Gespräch kommt („Schuster, sag mal, du redest da öfter vom A-bopa. Was meinst du denn damit?" – „Soso, soso ... also das A-bopa das ist für mich ..., das ist für mich ... das A-bopa ist für mich ... "– „Nicht schlecht. Ein komisches Wort, aber leicht zu merken." – „Warum! Zu was soll man sich das merken?" – „Lassen wir's ... Ich meine nur." – „ Ludwig, dir trau ich nicht. Du hast mit jeder Sache etwas vor. Lassen wir's, gibt es bei dir doch eigentlich nicht." – „Herrgott, Schuster, bist du ein mißtrauischer Tropf. Mit deinem Mißtrauen machst du auch nichts besser. Mißtrauisch kann jeder sein." – „Ich hatte nie vor, alles besser zu machen." – „Aber alles schlechter machen, was soll das? Vielleicht glaubst du gleich gar, ich erschlag dich da drüben im Holz?" – „Allberger-Ludwig, nichts Genaues weiß man nicht heutzutage. Aber was hast davon, wenn du mich erschlägst, ich bin ein alter Mann, und zu holen ist bei mir nichts." – „Ja, eben. Drum will ich mir's auch nicht überlegen. Schuster!"), hätte es doch wissen müssen, was er zu erwarten hat von diesem Herren (LUDWIG: HOCHWÜRDEN! HOCHWÜRDEN, WIE ICH HERGEFAHREN BIN, HABE ICH ÜBERALL HAKENKREUZE AN DEN BÄUMEN, AUF DEN WEGWEISERN, SOGAR AN DER WAND DER STIFTSKIRCHE GESEHEN. SOVIEL ICH WEISS,

LEHNT DOCH DIE KATHOLISCHE KIRCHE ALLES AB, WAS HITLER UND DIE NAZIS SO TREIBEN. ABER SIE TUT, ALS OB SIE DAS ALLES NICHT SIEHT, SIE STELLT SICH NICHT DAGEGEN, SIE WEHRT SICH NICHT! – „WEHREN? STECKE DEIN SCHWERT IN DIE SCHEIDE!", DAS WAR ES DOCH, WAS DER HERR ZU PETRUS GESAGT HAT. „DIE KIRCHE IST KEINE STAATSRELIGION!" – „ABER WENN DIE RELIGION UND DIE KIRCHE SO OFFEN ANGEGRIFFEN WERDEN, WENN DER STAAT DIE RUHIGEN LEUTE NICHT MEHR VOR DEN NAZIS SCHÜTZT!" – „DANN HEISST ES FÜR ALE GLÄUBIGEN, SICH NOCH ENGER UM DIE KIRCHE SCHAREN! UNSERE GEBETE WERDEN STÄRKER SEIN ALS JEDE WELTLICHE MACHT! AN UNS, HERR ALLBERGER, LIEGT ES MIT FRIEDLICHER GEDULD DIE VERIRRTEN AUF DEN RECHTN WEG ZU BRINGEN! LIEBE DEINE FEINDE, UND WAS HEISST DAS ANDERES ALS NUR DURCH DIE LIEBE BEZWINGT MAN! ODER, HERR ALLBERGER, ODER HERR ALLBERGER!...) der (natürlich unangemeldet) an diesem Vormittag zwischen all dem, was in so einer Werkstatt herumliegt, vor ihm steht in seiner Soutane („Würden sie doch wenigstens deutlicher werden! Sie sollen einfach sagen, wieviel man geben soll, damit man im Büro ihres Klosters alles, was man bei sich trägt, wie etwa seine Uhr, den Ehering, das übliche feststehende Messer, Schnupftabak, Tabakspfeife und Zündhölzer abgibt und dafür einen Rosenkranz und ein Meßbuch bekommt. Und dann wird gebeichtet und dann dann weisen sie dir im Exerzitiumgebäude eine Kammer zu, in der einen nicht mehr erwartet als ein Tisch, ein Stuhl, ein hartes Feldbett und ein kleiner Altar mit Kreuz und Betstuhl. Zwölf Mark bezahlst du, daß du eine Woche lang fastest, immer wieder beichtest und du ihre Märchen (DAS IST EIN BAUER, DER GEHT, WEIL ER DES ÖFTEREN HERZSTECHEN HAT, ZUM DOKTOR. „BAUER, DU HAST HERZSTECHEN? DANN MÄSSIGE DICH BEIM ESSEN UND BEIM TRINKEN UND LASS DAS PFEIFENRAUCHEN SEIN. DER BAUER MACHT, WAS DER DOKTOR IHM EMPFOHLEN HAT, SEIN ZUSTAND BESSERT SICH, ABER NACH EINER WEILE ISST, TRINKT UND RAUCHT ER WIEDER WIE EH UND JE. UND SO GEHT ER ERNEUT ZUM DOKTOR UND DER RÄT IHM, WAS ER IHM SCHON EINMAL GERATEN HATTE. UND WIEDER BESSERT SICH DER ZUSTAND DES BAUERN, ABER DANN, DANN FÄNGT DER BAUER WIEDER AN UNMÄSSIG ZU ESSEN, ZU TRINKEN UND ZU RAUCHEN UND SO DASS NICHTS MEHR HILFT UND ER SICH HINLEGEN MUSS UND AB GEHT ES IN DIE EWIGKEIT. O, HÄTTE ER DOCH NUR GEMACHT, WAS DER DOKTOR IHM GERATEN HATTE) und ihre Predigen (UND WENN, ZUM BEISPIEL, EINER VON UNS, NACHDEM ER GESTORBEN IST, INS FEGEFEUER KOMMT UND DORT, WEGEN RELIGIÖSER NACHLÄSSIGKEIT EINE HALBE EWIGKEIT, ZEHN JAHRE, ZWANZIG JAHRE, DREISSIG JAHRE ODER ÖFTER NOCH VIEL, VIEL LÄNGER LEIDEN UND WARTEN MUSS, DA WIRD ER BESTIMMT OFT ZERKNIRSCHT UND DENKT TRAURIG, HÄTT' ER DOCH ZU SEINEN LEBZEITEN MEHR FROMMEN EIFER GELEBT, JEDES JAHR ACHT TAGE, ACHT KURZE TAGE WIRKLICH BUSSFERTIG GELEBT, DANN WÄRE ICH JETZT IM HIMMEL) dir anhören darfst!") und sich nie und nimmer darauf verlassen sollen, ein paar Witze, ein paar dahingesagte Floskeln („Ach, Euer Hochwürden, was gibt mir die

Ehre. Ein paar neue Schuhe vielleicht?" – „Diesmal nicht, Herr Kraus, diesmal handelt es sich um etwas Persönliches. Herr Kraus, so alt wie sie sind und dann so rüstig, ist das nicht eine Gnade Gottes?" – „Hochwürden, rüstig? Bei der Gicht, die mich nachts nicht schlafen läßt. Schmerzen, Schmerzen, halbwegs gut geht es mir nur, wenn ich etwas zu tun habe." usw.) und er hält sich den schon vom Leibe ... also seine Schuld, daß dieses Gespräch dann den Verlauf nimmt, den er unbedingt hätte verhindern sollen („Herr Kraus, Sie kennen ja die heilsame Wirkung, entschließt man sich, sich eine Woche dem Exerzitium hinzugeben. In so einem Alter wie Sie, Herr Kraus, wo doch die Ewigkeit immer näher rückt, sollte man doch auch seine religiösen Angelegenheiten einmal in Ordnung bringen ..." – „Ja, ja schon, ja, ja schon, Euer Hochwürden, ja schon, ... aber Ihnen kann ich's ja sagen ... ich ... ich ... ich ... kann's nicht machen." – „Sie können nicht. Was heißt, nicht können. Herr Kraus, Sie bedrückt etwas, vermutlich schon jahrelang! Also, also, vertrauen Sie sich mir an ... Warum, Herr Kraus, können Sie nicht in unserem Kloster sich einem Exerzitium hingeben? Warum, Herr Kraus?" – „Ich ... ich, Hochwürden ... Hochwürden ... ich bin ... ich bin ... ich bin ... (... also ... also ... Hochwürden ... einer von denen ... also Schweinefleisch essen wir erst einmal nicht, und wenn es schon einmal Fleisch sein muß, dann nur Fleisch von Säugetieren, die sowohl Wiederkäuer sind, als auch gespaltene Hufe haben, also Rind, Lamm, Ziege ist erlaubt, Geflügel nur, sofern es sich nicht um Raubvögel handelt, aber das Tier, das da gegessen wird, muß natürlich geschächtet sein, d.h. es wird geschlachtet, in dem mit einem speziellen Messer mit einem großen Schnitt quer durch die Halsunterseite die Halsschlagader geöffnet wird, wodurch ein möglichst vollständiges Ausbluten des Tieres gewährleistet ist, dieses Fleisch darf dann allerdings nicht zusammen mit Milch zubereitet werden, Fisch wird gegessen, aber nur von solchen die Flossen und Schuppen haben, also Aal, Hai ist nicht, Honig wird gegessen, Honig ist ja das Resultat von Sammeln... und heißt einer von uns David, Ruben, eventuell auch Friedrich, kann man davon ausgehen, daß der Hautlappen, die seine Eichel umschließt, an seinem achten Lebenstag entfernt worden ist... vorgeschrieben ist außerdem, bis Mitternacht muß jeder von uns mindestens 45 Gramm von unserem Brot, der Matze, gegessen haben, und Ruhe kehrt bei uns erst Freitagabend ein, eine Ruhe, in der selbst das Telefonieren verboten ist und die dauert dann, bis am Sonnabendabend die Sonne untergeht, und wenn wir uns die Hände waschen, dann gehen wir, zumindest an den Feiertagen, d.h. am Purim, am Sedan, an Pessach, am Jom Kippur usw. folgendermaßen vor, man füllt ein kleines makelloses Gefäß, die sog. Natla mit reinem Wasser und nimmt darauf das Handtuch, das man beim Füllen der Natla in der rechten Hand gehalten hatte, nun in die linke Hand und gießt den halben Inhalt der Natla über die rechte Hand, danach nimmt man die Natla nun wieder in die rechte Hand und gießt den Rest des Wassers, der in der Natla verblieben ist, über die linke Hand, reibt danach beide Hände aneinander und dabei wird geflüstert: „Danke, Danke, daß du uns mit deinen Gesetzen verpflichtet hast, die Hände zu waschen!", und natürlich wird dabei darauf geachtet, daß bei dem Vorgang des Händewaschens, das Handtuch, das wir bei uns tragen, nicht von der Schulter rutscht und beim Abtrocknen die linke Hand unentwegt vom Handtuch bedeckt bleibt, und hat man versäumt, sich vor dem jeweiligen Feiertag, natürlich auch dem Sabbat, die Nägel zu schneiden, achten wir beim Händewaschen tunlichst darauf, daß nicht irgendwelcher Schmutz unter den Fingernägeln verblieben ist, denn dann wäre das ganze Händewaschen ungültig...

beim Nägelschneiden selbst unternehmen wir natürlich alles, daß dabei kein Nagelstückchen verloren geht, daß alle abgeschnittenen Nagelstückchen restlos verbrannt werden und nicht eines von ihnen etwa unter der Badewanne, hinter dem Mülleimer des Badezimmers, im Abfluss des Waschbeckens unentdeckt herumliegt, denn da müßten wir sogar nach unserem Tod in der Ewigkeit die Nagelstücken suchen, und natürlich vergessen wir auch nicht beim Verbrennen der Nagelstückchen gewissermaßen als Zeugen, zwei Holzstücken mit in das Feuer zu legen…) also…also…Hochwürden…ich bin… ich bin…Jude…") dann würde er auch nie und nimmer (auch wenn Hochwürden ihm versprochen hatte: „Jude? Sie sind vielleicht jüdischer Abkunft, Herr Kraus, aber doch nicht israelischer Religion. Soviel ich weiß, sind Sie den Pflichten unserer katholischen Religion immer rechtschaffen nachgekommen. Seien Sie beruhigt, Herr Kraus, von mir erfährt niemand etwas davon") (nun wieder allein) stumm auf seinem Hocker sitzen und (ist das Ekel vor sich selber?) ausspucken, seinen Dickschädel immer wieder, immer wieder schütteln und sich nicht in seiner Werkstatt umgucken sich und in seiner Werkstatt umgucken, so als wäre er jetzt Gefangener und wirft Blicke in die Zelle, in die man ihn eben arretiert hat in sich dabei äußern, als wäre er jetzt ein Hund, auf den gerade eingeprügelt wird („Ae-each! Ae-each! Ich alter Esel! O, ich alter Esel! (eben hatte er an seinem Schusterschurz herumgezogen und dessen Träger abgerissen) „O, du alter Esel!…Mensch…Mensch…Jetzt bis du geliefert! Verraten und verkauft bist du!") und Stunden später nicht in seiner Küche (in der er kein Licht angemacht) laut herumjammern („Was hatte der Heingeiger herausgeplatzt: „Die Juden, ich habe nichts gegen sie! Und was verkündet der Trutzburg-Xaver bei jeder Gelegenheit: „Die Juden! Wo ich dabei bin, da geht's radikal gegen die Saujuden!" „Kathi! Kathi, du hast doch Recht gehabt. Ein Simpel bin ich, ich hätte von Anfang sagen müssen, ich bin der Jud' Kraus, da wüßte ich jetzt genau, woran ich bin bei den Leuten hier! Bin also wieder der Jude! Der Jude sitzt in der Falle! Hahaha! Hahaha!… Hahaha!… Da ist eine Falle und da drin sitzt der Jude!"), aber wer ist denn eigentlich er, der an einem dieser letzten Märztage kurz nach der nachmittäglichen Brotzeit drüben an der Heingeigertür rüttelt… er in seiner Werkstatt muß ja nur einen Blick durchs Fenster werfen und kann da nicht mehr behaupten, „was… was… was soll gewesen sein, ich hab nichts gesehen, ich mach' meine Arbeit und damit Basta…!"… wer ist das, dem jetzt Peter drüben beim Heingeiger die Tür öffnet… Peter, Peter… du solltest doch eigentlich sehen, wer das ist, der jetzt nach eurem kurzen Gespräch, vor sich hingrinsend Platz nimmt auf der Bank vor eurem Haus… Peter, Peter… ist das nicht… ist das nicht,… ist das etwa der, der das damals deiner Mutter…, aber der Silvan, der Silvan, der jetzt vom Feld kommt, der jedenfalls scheint sofort gesehen zu haben, wer da auf der Bank vor dem Haus auf ihn gewartet hat und jetzt aufsteht und ihm entgegen geht… hier ist doch etwas dreckig… hier ist doch etwas dreckig… warum sonst kuckt sich der Silvan… eben hat er das Gespann, mit dem er vom Feld gekommen war, Peter übergeben… jetzt da er zu dem Fremden tritt und sich mit ihm unterhält, kurz um, sieht auch keiner mit wem ich mich gerade unterhalte und mit wem ich jetzt ins Hause gehe… das ist doch etwas dreckig… da ist doch etwas dreckig warum sonst läßt es sich der Silvan nicht nehmen, jetzt da die beiden bald schon wieder… also viel hatten sie sich nicht zu sagen, aus dem Haus zurückkommen, dem anderen, als der, den Kopf eingezogen und leicht nach vorn gebeugt, so ist einer unterwegs, über den gerade ein Unwetter niedergegangen ist, davon stampft, hinterherzugucken „na, na geht der auch wirklich seines Wegs, nicht daß der… da ist doch etwas dreckig… da ist doch etwas dreckig…, und dann dieser Blick… dieser böse Blick vom Silvan zu ihm herüber… drüben der Alte in seiner Werksatt, hat der etwa… der Alte, hat etwa was gesehen!“ warum sonst verzichtet der Silvan auf dem scharf an die Straße grenzenden Heingeigerfeld, die nächste Furche zu ziehen, sondern wartet mit seinem Gespann auf der Straße auf ihn, der gerade mit vollem Rucksack vom Lederholen in Amdorf kommt, daß er nahe genug ist… vorbeimogeln ist da nicht mehr drin… wenn er ihn gleich anspricht („Herrgott, Kraus, du rackerst Tag und Nacht, hast du inzwischen nicht soviel zusammen, daß du privatisieren könntest?“) (ACHTUNG, KRAUS, DER WILL DOCH WAS, DER WILL DOCH WAS. JETZT KEIN FALSCHES WORT, JETZT KEIN FALSCHES WORT, JETZ NIMM DIR ZEIT, HOL DEIN SCHNUPFTUCH HERAUS, WISCH DIR DEN SCHWEISS VOM GESICHT UND DABEI WIRD ÜBERLEGT, WAS DU DEM ANTWORTEST) „Ein einschichtiger, kleiner Handwerksmann bringt’s nie sehr weit“ (BRAVO KRAUS, LASS DICH JA NICHT VON DEM AUFS GLATTEIS FÜHREN) „Ah! Das sagt jeder, der was hat. Keiner läßt sich eben gern in was hineinschauen!“ (NA BITTE, KRAUS, ES GEHT UMS SCHAUEN. HIER IST DOCH WAS DRECKIG! HIER IST DOCH WAS DRECKIG! ABER JETZT KUCK SIE DIR AN, KRAUS DIESE AUGEN, WIE DIE DICH INS VISIER NEHMEN! KRAUS, DIESE AUGEN, DIESE AUGEN!) „Kraus, du redest nicht viel über dich, und schon gar nicht über andere. So was trifft man selten!“ (KRAUS, DIESE AUGEN! DIESE AUGEN! WIE WILLST DU DENEN ENTKOMMEN) „So was erhält die gute Nachbarschaft, nicht wahr Kraus! Und gute Nachbarschaft, das willst du doch auch! Oder?

Oder?“ und da sind sie wieder, die Augen des Herrn Silvan („Hier meine Stiefel aus der Soldatenzeit. Kraus, wenn da neue Sohlen drauf sind, sind sie nicht umzubringen“) heißt es jetzt, aber Kraus, der will doch mehr, der will mehr, warum sonst, ich kann mich nicht erinnern, daß du ihn drum gebeten hast, macht der es sich jetzt bequem auf deiner Bank an der Wand und, auch darum hast du bestimmt nicht gebeten, er sich umguckt in deiner Werkstatt (DIESE AUGEN! DIESE AUGEN!) „Hm, recht gemütlich hast du es, Kraus. Und schön ordentlich hast alles beieinander.“ (DIESE AUGEN! DIESE AUGEN) „Ja ja“ (und was soll er sonst antworten auf solche Anzüglichkeiten, aber jetzt paß auf, gleich, gleich kommt der schon zur Sache („Und durchs Fenster siehst du jeden, der vorbei geht?“) na bitte, es geht schon los, aber du, Kraus, passt ja auf („Durchs Fenster gucken, dazu habe ich keine Zeit.“) Aber Achtung, Kraus, der will noch mehr („Schuster! Laß reden mit dir? Unter vier Augen versteht sich. Sag einmal, kannst du mir nicht zwei- oder dreitausend Mark leihen? Auf ganz kurz bloß, du kriegst alles auf Heller und Pfennig wieder, aber es muß ganz unter uns bleiben, ganz unter uns, ich weiß ja, Kraus, du redest nicht.“) Kuck nur hin Kraus, wie der dasitzt, das eine Beine leicht hintern unter der Bank gestellt und das andere … nicht zu weit nach vorn gestreckt, o, sitzt doch einer da, der gleich aufspringt, dir gleich an die Gurgel … hört der überhaupt, was du ihm jetzt als Antwort dahin stammelst („Ich? … Tja? … Das ist ganz unmöglich … “ („Kraus, es handelt sich da um was, das bloß mich was angeht! Faktisch! Ich will zu keinem anderen gehen.“) (KRAUS! RAUS! DA KOMMT EINIGES AUF DICH ZU!) („Tja … tja … Silvan … Zwei-, dreitausend Mark? Von mir? So viel Geld hab ich ja mein Lebtag noch nicht einmal gesehen. Wie kommst du also auf mich?“ – „Du hast es also nicht? Oder willst du nicht?

Du traust mir nicht, was?“ (diese Augen, diese Augen) „Wer red’t denn von trauen, Silvan. Ich kann dir nicht einmal hundert geben, weil ich die für die Lederlieferung brauche.“ – „Also nicht?“ – „Es geht doch nicht! Ich hab’doch nichts! Wo denkst du hin?“ – „Gut, gut, Kraus. Gut, also dann nicht. Aber... aber die ganze Sache bleibt unter uns, ja.“ – „Ich und darüber reden. Du kennst mich doch.“ – „Deine Hand drauf. Also, Kraus, zwischen uns ist nie so etwas geredet worden!“ und weg ist er, weg ist er, aber er darf jetzt, fällt da auch die Tür ins Schloß, und es ist auch gleich soweit, daß gleich, gleich draußen vor seinem Werkstattfenster sein Schatten zu sehen ist,... weiterhin nach... gucken (auf seine Schuhe, auf das, was da herumliegt)... sein Herz (schlägt das jetzt doppelt so schnell als sonst) o, wie seine Hände zittern, von weiterarbeiten, sohlen, Absätze erneuern, was eingerissen ist, nähen, davon kann nun keine Rede sein, und wie soll dann einer, nachdem er, natürlich später als an anderen Tagen, dann doch ins Bett gekommen ist, einschlafen, wenn Ahnungen („Das verzeiht der mir nie!“), Gewißheiten („Der hat doch gesehen, daß ich ihn mit diesem Bertl gesehen habe“) wie ein Schwarm ekliger Krabben, über ihn herfallen und ihn fast ersticken, wenn er in der Dunkelheit vor sich hinkeucht („Kein Wort hat er mir geglaubt! Mein Geld, das muß er gerochen haben! Also nicht, hat er gesagt, und dann hat er gesagt, zwischen uns ist so was nie geredet worden, und das hörte sich doch nicht anders an, als „Maul halten, sonst erlebst du was!“ (DIE WERDEN IMMER MEHR, ABER ER ER IST GANZ ALLEIN! aber bis er in der Frühe in seiner Küche, in der er bereits geheizt hat (Buchenscheite knistern im Herd) nicht (wie noch vor Monaten) vor sich hinbrummelnd ein paar Semmeln in seinen Kaffee brockt, um dann das teigige Geschlemmer genüßlich in sich hineinzuschlürfen, draußen vor seiner Werkstatt zwitschern die

Spatzen, denen er als erstes einen Teller mit Körnern hingestellt hat (und gleich, gleich wird er sich erheben, die Uhr aufziehen und vom Abreißkalender das nächste Blatt abreißen und nach drüben in die Werkstatt gehen), sondern in sich zusammenkrümmt (sein Magen, sein Magen, seit Wochen stößt es ihm säuerlich hoch und kommt als gallenbitterer Schleim auf die Zunge) am Küchentisch sitzt und versucht, eine Tasse Alpenkräutertee in sich hineinzukriegen (sein Magen, sein Magen, so geht es nun schon seit Wochen, daß es in seinen Eingeweiden … „Was ist das nur! Was wollen sie da von ihm! Wegbleiben! Wegbleiben! Jüdisches Haus! Wegbleiben! Jüdisches Haus!" ODESSA! ODESSA! (ÜBERALL IN DEN STRASSEN LIEGEN WEISSE PAPPKARTONS HERUM, DIE MEISTEN VON IHNEN AUFGERISSEN (IN HOHEN FILZSTIEFELN UND KRUMMBEINIG, ABER TROTZDEM LEICHTFÜSSIG WIE EIN BAUER, IST ER BARFUSS UND GEHT AN EINEM FELDRAIN ENTLANG, KOMMT EIN MANN AUF DEN OCHNITZKI-PLATZ GEGANGEN UND SAGT ZU JEDEM, DER DORT EINEN VERKAUFSSTAND AUFGEBAUT HAT (AUCH ZU IWAN NIKODYMITSCH, DER AN SEINEM STAND TAUBEN, KANINCHEN UND SOGAR EINEN PFAU ZUM VERKAUF ANBIETET UND DER SITZT MIT GESPREIZTEM SCHWANZ AUF EINER SPROSSE, VON SEINEN BEINEN HÄNGT EINE SCHNUR HERAB UND DIE IST VERKNÜPFT MIT DEM FLECHTWERK VON IWAN NIKODYMITSCH'S STUHL, O, WIE GLEICHGÜLTIG DER PFAU, WIE ER DA ÜBER ALLEM THRONT IMMER WIEDER SEINEN KOPF DREHT): „PACKEN SIE IHRE SACHEN ZUSAMMEN. DER JERUSALEMER ADEL UNSERER STADT BEKOMMT HEUTE EINE VERFASSUNG. AUF DEM FISCHMARKT HABEN

SIE BEREITS DEM ALTEN BABEL DAS STERBEBROT GEGEBEN UND SO VERLÄSST AUCH ER FLUCHTARTIG DEN OCHNITZKI-PLATZ, GEHT ÜBER DIE ANLAGEN HINTER DEM BAHNHOF UND BIEGT SCHLIESSLICH EIN IN EINE GASSE, IN DER KEIN MENSCH ZU SEHEN IST. ABER DA VORN AM ENDE DER GASSE IN DIESEM ROLLSTUHL IST DAS NICHT DER BEINAMPUTIERTE MAKARENKO, DER VON SEINEM ROLLSTUHL AUS IN DER STADT ZIGARETTEN VERKAUFT, AUCH AN SIE, DIE NEUN-, ZEHN-, ELFJÄHRIGEN. „MAKARENKO!", RUFT ER BEREITS VON WEITEM, „HAST DU MEINEN ONKEL SCHOIL GESEHEN!", ABER MAKARENKO, O, WIE SEIN GESICHT GLÜHT, ALS ER MIT SEINEM ROLLSTUHL ZU SEINER FRAU FÄHRT, DIE IST BESCHÄFTIGT, VON DER STRASSE SACHEN AUFZULESEN. „KATJUSCHA, WAS HAST DU GEFUNDEN!", WILL DER INVALIDE VON IHR WISSEN. – „VIERZEHN GAMASCHEN, SECHS DECKENBEZÜGE, JETZT ZÄHLE ICH DIE HAUBEN!" – „HAUBEN! HAUBEN!" KRÄCHZT DA IN SEINEM ROLLSTUHL MAKARENKO, ODER IST DAS SCHON MEHR EIN HEULEN, WAS DA AUS SEINER KEHLE KOMMT „GOTT SCHEINT MICH AUSERWÄHLT ZU HABEN, DIE SCHULD DER ANDEREN ZU BÜSSEN. ANDERE SCHLEPPEN METERWEISE LEINEN WEG, DIE NEHMEN SICH, WAS MAN GEBRAUCHEN KANN, UND DU KOMMST MIT HAUBEN! MADAMOTSCHKA! MADAMOTSCHKA!", AN DIE ER SICH JETZT WENDET UND DIE ER, WIE VERRÜCKT IN DIE SPEICHEN SEINES ROLLSTUHLS FASSEND, VERSUCHT EINZUHOLEN, IST EINE JUNGE FRAU IN EINEM SEIDENKLEID, DIE, IN DER EINEN HAND HÜTE, IN DER ANDEREN

EINEN BALLEN STOFF, DIE STRASSE KOMMT „MADAMOTSCHKA, MADAMOTSCHKA, WO HABEN SIE DEN STOFF HER!“. DA BIEGT EIN PFERDEFUHRWERK IN DIE GASSE EIN UND IN IHM AUFRECHT STEHEND EIN JUNGER BURSCHE „WO SIND DENN ALLE LEUTE HIN?“, WILL ER VON MAKARENKO WISSEN. „ZUM SOBORNY-PLATZ, DORT SIND JETZT ALLE MEINE TÄUBCHEN!“ UND ES IST MEHR ALS EINE BITTE, ES IST EHER EIN FLEHEN, WAS MAKARENKO DEN AUF DEM PFERDEWAGEN ZURUFT: „WAS DU DORT FINDEST, DAS BRINGE MIR. ICH KAUFE ALLES!“ UND DA SCHLÄGT DER BURSCHE AUCH SCHON ERNEUT AUF SEINE PFERDE EIN, UND WIE DIE DAVON GALOPPIEREN, WIE JUNGE KÄLBCHEN. „IHR SAMEN MUSS AUSGEROTTET WERDEN!“ (NOCH IMMER IST KATJUSCHKA BESCHÄFTIGT, SACHEN VON DER STRASSE AUFZUSAMMELN) „ICH HASSE IHREN SAMEN UND IHRE STINKENDEN MÄNNER“.
IST DA DRÜBEN IN EINER SEITENGASSE NICHT DAS HAUS DES CHARITON EFRUSSI, AUF DESSEN FENSTERRAHMEN EIN JUNGER BAUER IN HEMDSÄRMELN MIT EINEM HOLZHAMMER EINSCHLÄGT TIEF HOLT DER STROHBLONDE BURSCHE LUFT, BEUGT SICH IN BEIDEN HÄNDEN DEN HAMMER UND – SCHÄGT ZU. UND DAZU DIESES LÄCHELN, SO LÄCHELT EINER, DEM ES SPASS MACHT ZUZUHAUEN, DEM ES NICHTS AUSMACHT, DASS ER DABEI SCHWITZT, DER, SO SCHWER DIE ARBEIT AUCH IST, GLEICH ANFÄNGT ZU SINGEN. DA BIEGT AUS EINER ANDEREN SEITENGASSE EINE PROZESSION IN DIE STRASSE EIN, ALTE MÄNNER MT GEFÄRBTEN BÄRTEN, ÜBER IHNEN DAS BILD DES

ZAREN, FLATTERNDE KIRCHENFAHNEN, DIE BILDER VON HEILIGEN UND DER JUNGE BAUER HÖRT SOFORT AUF, AUF DIE FENSTER EINZUSCHLAGEN, PRESST DEN HAMMER GEGEN DIE BRUST UND VERFOLGT ANDÄCHTIG DEN VORBEIZUG DES ZARENBILDES, DER KIRCHENFAHNEN, DER HEILIGENBILDER. DA STÜRMT, WOHER WAR DIE PLÖTZLICH GEKOMMEN, EINE GRUPPE ALTER WEIBER HYSTERISCH SCHREIEND AUF DIE PROZESSION ZU. WEIT OFFEN STEHEN BEI IHM ZU HAUSE DIE WEISSEN TÜREN. IST NOCH JEMAND ZU HAUSE. DRAUSSEN AUF DEM HOF VOR DEM SPEICHER HOCKT KUSMA, DER HAUSMEISTER, VOR DEM LEICHNAMS SCHOILS. HOCKT DA UND BETASTET DEN TOTEN. „JA, JA, DER WIRBEL WIRBELT DICH HERUM WIE SPÄNE. GUCK HER, WAS DIE LEUTE UNSREM GROSSVATER ANGETAN HABEN!" IST DAS EIN ZANDER, WAS KUSMA JETZT AUS DEM HOSENSCHLITZ DES TOTEN ZIEHT, UND DANN NOCH EINEN AUS DESSEN MUND, UND DER SCHEINT SOGAR NOCH ZU LEBEN, ZUMINDEST ZUCKT ER NOCH IMMER. „UMGEBRACHT HABEN SIE NUR UNSEREN GROSSVATER. ABER ER HAT SIE ALLE ZUM TEUFEL GEJAGT UND SIE HÖLLISCH EINGEDECKT MIT FLÜCHEN, DER GUTE. DU MUSST IHM EIN FÜNFKOPEKENSTÜCK AUF DIE AUGEN LEGEN." – MIT EINGEDRÜCKTER BRUST UND STEIL AUFRAGENDEM BART, AN DEN NACKTN FÜSSEN GROBES SCHUHWERK LIEGT DER TOTE IN DEN SÄGESPÄNEN UND KUSMA IST NUN VOLLAUF BESCHÄFTIGT, DIE BEINE, DIE DER TOTE LEICHT GESPREIZT HAT, ZUSAMMENZUDRÜCKEN, IHM DIE UNTERKIEFER HOCHZUBINDEN, KÄMMT

IHM SCHLIESSLICH AUCH NOCH DEN BART. „HÖLLISCH HAT ER SICH MIT FLÜCHEN EINGEDECKT. WÄREN ES TATAREN GEWESEN, DIE HÄTTE ER VERSCHEUCHT, ABER ES WAREN EINHEIMSCHE, UND SIE HATTEN WEIBER UND DIE VERZEIHEN NICHT GERN.“ IN DEN SÄGESPÄNEN DER TOTE UND DA NIMMT ihn DER HAUSMEISTER AN DER HAND „GEHEN WIR ZU EINEM VATER. ER SUCHT DICH SCHON DEN HALBEN TAG. IHM WIRD DOCH HOFFENTLICH NICHTS PASSIERT SEIN ...) muß er (aber auch für ihn ist es doch schön mit seinem Fuchsl, der ihm vor Monaten beim Holzholen zugelaufen war, unterwegs zu sein im Forst oben auf den Glachinger Höhen (MOOS LÖSCHT DEN LÄRM UNSERER TRITTE / WIR WANDERN, WIR WANDERN ZART UND WEICH / IN DIE GRÜNSCHIMMERNDE MITTE / DIESES WUNDERREICHS HIER WIRD EIN STRAUCH, EIN JEDER HALM ZUR SCHLINGE / DIE MICH IN LIEBLICHSTER BETRACHTUNG FÄNGT / KEIN GRAS, KEIN HOLZ IST SO GERINGE / DASS NICHT MEIN BLICK VOLL WEHMUT AN IHM HÄNGT ... und von dort diesen Blick zu haben nach drüben nach ... nach ... nach ... (KORNFELDER. UND GANZ HINTEN AN DEM RAND / ZIEHN PAPPELN HIN, DORT WO DIE STRASSE SCHLEIFT / DIE EBENE AUFWÄRTS ... / UND DAS ALLES MENSCHENLEER UND UNNAHBAR ...) und was kümmert es eigentlich ihn, wenn der Truchtlacher von Terzing (ausgemergelt, hilflos und mit Augen, die (ein gefangener Vogel, der nun schon hundertmal gegen die Gitter seines Käfigs geflogen war und nun erschöpft nachdenkt, wie kommt er nun doch ins Freie, hat diesen Blick) die einfach keinen Halt finden, und ganz grün vor Zorn) in der Auffingen Bürgermeisterstube herumschreit (reckt dreckig lacht da im Hintergrund der Silvan („Ja, ja, nun habt ihr es, euer feines demokratisches System, ihr wolltet es ja haben!"): „Das, Bürgermeister, soll noch Gerechtigkeit sein! Der Gerichtsvollzieher ist dagewesen, weil, ich kann nicht zahlen. Vierundachtzig Mark will das Finanzamt auf einmal. Acht Tage hab ich Zeit. Wenn ich bis dahin nicht zahlt' hab', pfändet er mir die graue Kuh!" (Truchtlacher von Terzine! Der Greiner von Furtwang, der wußte, wie man sich solche Schwierigkeiten vom Hals schafft („Notgeschlachtetes Fleisch bringt ja auch Geld … Ich hab' meinem Ochsen einfach mit dem Strick das Maul zugebunden, daß er keinen Mucks hat tun können, und nachher hab ich ihm mit dem Holzschlegel den Hals abgeschlagen. Zum Fleischbeschauer hab'ich gesagt, der Ochs hat sich in den Ketten verhängt in der Nacht … hahaha!"), daß an diesem Vormittag nicht nur welche aus Glaching, aus Auffing usw. (nun schon seit Stunden) zu dreißig, zu vierzig vor der Glachinger Postwirtschaft (in ihr befindet sich das Büro der örtlichen Kasse) herumstehen, daß da ein zweiter Lastwagen vorfährt mit Uniformierten, die Karabiner bei sich haben und die sich einreihen in die Postenkette, die da vor der Wirtschaft Aufstellung genommen hat, daß es dauert … und dauert … kein Wort fällt … man mustert sich … man mustert sich … aber dann wird doch laut aus der Gruppe gerufen: „Was heißt hier Bankenkrach! Wir wollen unser Geld!" und da kommt auch schon Bewegung in die Gruppe, man rückt nun eng zusammen und eng zusammengerückt, bewegt sich der ganze Haufen nach links, stoppt dann aber und bewegt sich nun, suchen die etwa eine Stelle, wo die Postenkette schwächer besetzt ist, wo man durchbrechen kann, nach rechts, und nun wieder nach links, und da hört man nun auch andere Rufe: „Leute, seid doch vernünftig! Die Angelegenheit wird sich bald klären! Leute, macht nichts, was ihr hinterher nur bereut!" und nun geht der Haufen sogar einige Schritte auf die Soldaten zu „Wir wollen unser Geld! Wollt ihr tatsächlich auf uns schießen! Wir wollen unser Geld!“, und was kümmert es ihn, daß am Nachmittag, wenn die Soldaten schon längst wieder abgezogen sind, vor der Postwirtschaft noch immer herumgestritten wird („Erst wenn ich mein Geld habe, dann glaube ich, daß die Sache in Ordnung geht. Was ist das für eine Regierung, die unsere Spareinlagen nicht schützt! Das also nennt man Demokratie! Und weit und breit ist keiner zu sehen, der hier für Ordnung sorgt!“ usw.) und daß da auf der Auffinger Dorfstraße (er kommt da gerade vom Brotholen beim Rotter) Fremde unterwegs sind (knochenmager sind beide und der Ältere von ihnen hat einen viel zu großen Mantel an, und das Bekleidungsstück des anderen, ist, obwohl es kalt ist und es leicht regnet, ein dünner, heller Sommeranzug) und kläglich wie ihr Anblick ist auch, was sie sich zu erzählen haben („Lang geht das nicht! Es muß anders werden! Uns bleibt nur noch der Strick oder der Gashahn … usw.“) muß er sich gedulden (er hätte sich im Notariat des Amtsgerichts in Amdorf in Sachen Hinterlassen von Mr. Jan Krais, New York einzufinden (Geburtsschein und Sterbeurkunde seiner Frau wären mitzubringen, stand in der Vorladung, die ihn eines Tags erreicht hatte, „Jan Kraus … Jan Kraus, New York … und gestorben“, hatte er herumgerätselt … (sein Hans wäre gestorben … Unsinn … wenn das wirklich sein Hans wäre, hätte der doch schon etwas von sich hören lassen … und Hinterlassenschaft … sein Hans hat doch nie was gehabt, er hat ihm doch erst … ah, Unsinn, das kann nur eine Verwechslung sein …) bis endlich, endlich der Herr Notar seinen Kneifer gerade rückt und ihm endlich, endlich eröffnet, was in dem Schreiben steht, daß via deutsche Gesandtschaft aus Washington eingetroffen war, daß das ganze Vermögen seines bisher verschollen geglaubten

Sohns Jan Kraus, der durch einen Autounfall den Tod gefunden hatte, alleinig und ungeschmälert ihm zufallen würde und der Herr Notar, das kann er also auch, endlich ein freundlicheres Gesicht aufsetzt und ihn fragt: „Haben Sie verstanden, Herr Kraus? Haben Sie verstanden? Sie haben geerbt! Arg viel haben Sie geerbt. Der Wert der Jan Kraus, Company New York beläuft sich schätzungsweise auf eine Million und zweihunderttausend Dollar. Herr Kraus, haben Sie verstanden, Sie sind jetzt ein ganz reicher Mann, ein ganz, ganz reicher Mann! Herr Kraus, haben Sie verstanden!" („Nein, nein, nichts hat er verstanden … sein Hans ist tot … Autounfall … ge … storben … sein Hans gestorben (hören sie nie auf diese Gänge des Amtsgerichts, durch die er jetzt torkelt) nein, nein, nichts hat er verstanden … er ist gestorben, „was tue ich denn damit … ") (Kastanien wachsen auf dem großen Platz über den er jetzt geht) „Hans ist tot … sein Hans ist gestorben … " (Wer da kommt denn da. wer kommt denn da … etwa der Allberger-Ludwig) „Ludwig! Ludwig! Hast du ein bißl Zeit?" („Was denn, Kraus? Ist dir was passiert?") „Ludwig, Ludwig, du mußt mir helfen! Mein Hans ist gestorben!" („Ja, und – wie weißt du denn das jetzt auf einmal? Hast gleich gar was geerbt?") „Geerbt? Ja … saudumm … Ludwig, du bist der einzige, dem ich das sagen kann, ich weiß mir nicht mehr zu helfen! … Was soll ich denn mit dem Geld? Was habe ich denn davon? … Ich bin doch ein sterbensalter Mann und ein Jud' dazu! … Ich will das alles nicht! Gar nichts will ich! Nur meine Ruh'will ich, weiter nichts! … Weißt du was, Ludwig? Du bist noch ein Mensch im besten Alter, du kannst noch was anfangen mit dem Geld! … weißt du was, ich schenk dir alles … Ja, ja, im Ernst! Ich schenk's dir! Ja! … Mein Hans ist hin! Weggestorben ist er mir … !) … und so kann man bald nicht nur in Auffing auch in der näheren Umgebung in der Zeitungen lesen (ARMER SCHUS-

TER IN AUFFING MACHT MILLIONENERBE) („Kraus ... Schumacher Kraus in Auffing (geht es da in Amdorf Juwelier Sulerschmidt durch den Kopf) ... hm ... hm ... das ist doch ... jaja, richtig, der hat mir doch in der Inflationszeit einmal Schmuck und Silberzeug angeboten ... hm ... hm ... Dollars hat er schon damals haben wollen ... (und schlägt sich mit der flachen Hand aufs schüttere Haar) ... ja, da war doch, da war doch auch eine schwergoldene Uhr dabei ... und da war doch ... Lemberg ... Anna! ... Anna! Da sieht man wieder einmal – die jüdische Weltverzweigung ... macht sich der Kerl ganz unverschämt als armer Schuster auf und hat schwere Dollarkonten in Amerika!“) und so (ABER WER WEISS SCHON, OB DAS MIT DEM AMERIKANISCHEN GELD ÜBERHAUPT STIMMT! – ABER DER KRAUS, HAT DOCH NOCH NIE GELOGEN, VIELLEICHT HAT ER WIRKLICH NICHTS MEHR! – „NEIN, DIE GANZE HINTERLASSENSCHAFT VON DEM HANS STECKT IN AMERIKANISCHEN HÄUSERN UND DA KOMMT DER KRAUS SO SCHNELL NICHT RAN. GELD IST IM GRUNDE GENOMMEN GAR KEINS DA. UND WENN ER SICH DAS GELD AUSZAHLEN LASSEN WILL, MUSS ER SOVIEL STEUERN ZAHLEN, DA BLEIBT IHM NICHTS MEHR, WER WEISS, WAS HIER NOCH ALLES PASSIERT! UNSER SCHUSTER! UNSER SCHUSTER!) hört es nun nicht mehr auf, („Haben die denn gar jede Scham und Anstand verloren?“ – „Na ja, Herr Kraus, Sie sind eben jetzt begehrt. Das ist doch schön.“) daß (und das nicht nur Montagfrüh, Dienstagmittag, Mittwochnachmittag (Motto: „UND WENN ICH MIR VOR IHM DIE KNIE WUNDSCHEUERE, DER AUFFINGER SCHUSTER MIT SEINEN MILLIONEN IST MEINE LETZTE RETTUNG) (und da kann Fuchs noch so laut kläffen) an seiner Tür geklopft und gerüttelt wird und er muß nicht nur diesen Besuch (sie wären nur gekommen, ihm zu gratulieren, sichtbarlich hätte der Allmächtige für ihn Gnade ausgegossen, er hätte so eine schöne Erbschaft gemacht, jeder Mensch spreche ja nur davon. Aber wer wisse schon so ein Reichtum machte oft mehr Sorge als Freude. Wie bescheiden er leben würde! Und wie er wisse, ginge es ihnen ja nur um ihr gutes Werk, dieses Altersheim, das sie vorhätten, einzurichten, sie dächten da an eine größere Spende, die könnte da schon weiterhelfen. Dem gnädigen Gott seine Dankbarkeit für das späte Glück bezeugen. Beständig würde ja das Collegium an seine Freunde denken und alle die guten Willens sind, wie man ihnen helfen könne, durch ein gutes Werk noch mehr der Gnade Gottes anheim zu werden.) überstehen (Ja, ja, aber sie würde ihn verkennen. Er hätte sich nämlich gedacht, lange lebt er sowieso nicht mehr und in der Ewigkeit bräuchte er doch nichts. Er hätte beim besten Willen nichts mehr übrig, er hätte nämlich die ganze Erbschaft hergeschenkt! Hergeschenkt, verschenkt, das wäre doch nicht möglich, soviel man wisse, handele es sich um einen Millionenbetrag! Ja, ja, und den hätte er verschenkt! Verschenkt! Und haben nichts, rein gar nichts, zurückbehalten! Und sich dabei so gar nichts gedacht! Verschenkt! Verschenkt! In Ewigkeit Amen!) überstehen, und natürlich läßt auch er nicht lange auf sich warten „Kraus! Kraus! (wer hat da gerufen, etwa der Silvan, war der nicht eben noch dabei eine Fuhre Grummet abzuladen,) „Kraus, gehen wir in deine Werkstatt!“ (diese rote Flecken auf seinen sonnengebräunten Backenknochen, was verheißen die) „ Na los, geh zu! Kraus, daß du dir darüber klar bist, ich weiß, du bist ein Jud! Kraus, die Zeiten sind jetzt für Juden gefährlich, besser du hältst dich an mich, verstehst du. Du hast jetzt einen Haufen Geld! Du bist alteingesessen, da läßt sich für dich allerhand richten. Aber, mein Lieber, da heißt's erkenntlich sein, verstanden. Wenn du den Kuttenbrunzern was stiften kannst, nachher wirst du auch was für die nationale Bewegung hergeben, oder! (Kraus, diese Augen, die Augen, da sind sie also wieder, diese Augen) „Kraus, sag's gleich, wieviel wirst du geben? Red! Auf mich kannst du dich verlassen! Mein Wort drauf! Juden wie du brauchen keine Angst zu haben. Nun red' doch ein Wort! Wieviel gibst du!" – „Tja, tja Silvan ... (diese Augen, diese Augen) ... hmm, Silvan ... ich hab'doch gar nichts!" – „Was? Was? Lüg'nicht so unverschämt! Oder hast du vielleicht gar den Kuttenbrunzern alles ... !" – „Nein, nein Silvan, du verstehst mich nicht. Ich hab' wirklich nichts herzuschenken, ich hab' nämlich die ganze Erbschaft sofort einem anderen vermacht. Ganz und gar! Verstehst du, ich hab' alles auf Heller und Pfennig hergeschenkt!" – (und wie wird dieser Dialog schon enden) „Was! Hergeschenkt! Du! Blödsinn! Kerl! Kerl! Das stellt sich schnell 'raus. Das kommt dir teuer zu stehen! Du denkst noch an mich!") und Heingeiger ... Heingeiger ... sitzt (nach dem Vormittag, an dem der Knecht vom Tratzelberger aus Furtwang mit einem Fahrweg gekommen war und vor dem Heingeigerhaus eine dicke, fast haushohe Fahnenstange abgeladen hat („Was soll denn das?" – „Die hat der Silvan bestellt, die soll hier aufgestellt werden!") (als er von der Feldarbeit zurückkommt, ist vor seinem Haus auch schon ein großes Loch gegraben, aber er hat den Mast zersägt) nun schon wieder („Ich muß schauen, daß ich noch schnell alles versauf!") nun wieder in der Postwirtschaft und drei Bier reichen, daß er nun nicht mehr zu überhören ist („Jaja, dieser hergelaufene Herr wie-heißt-er-doch-gleich und die Zuchthäuslerbande, die regieren uns jetzt nachher! Soweit haben wir es glücklich gebracht!" Naja, die Zeiten ändern sich halt. (war das der junge Moser, der sich dann doch zu Wort gemeldet hatte)

„Um die Politik habe ich mich noch nie bekümmert…“ (und der schon ahnt, was hier folgt und vorsichtshalber sein Bier rasch austrinkt, zahlt und sich davonstiehlt) „Ja, geh nur… Geht's allesamt“ Angst, nichts wie Angst, hat jeder (hämisch die Bitterkeit in den Blicken Heingeigers, als er sich umguckt, aber der Neuchel, der will noch nicht endgültig mit ihm Schluß machen) „Ja, mein Gott, jetzt kommt halt der und der dran. Ist doch einer wie der andere. Die Oberen tun ja ewig, was sie wollen. Was können wir Kleinen schon dagegen machen.“, aber er bleibt dabei („Wenn der oben genauso ein Hammel ist wie die, die wo ihm Nachlaufen, nachher gute Nacht. Nachher schaffen nur noch bloß noch Lumpen und Rotzbuben an, und unsereiner muß das Maul halten!“ – „Aber unsereiner kann doch nicht jedesmal raufen, wie die Hund'! Mit Zhauen und Raufen wird's ja nimmer besser.“ und das war der Lampl und Neuchel ist fast derselben Meinung („Sie sollen uns in Frieden lassen mit ihrer ewigen Politik. Am besten ist, man kümmert sich nicht drum. Machen kann man ja nie was!!“) (was auch für ihn nur der Anlaß ist, wie schon zuvor Lampl, zu zahlen und zu verschwinden und so sitzt er (Heingeiger) nun wieder allein bei seinem Bier und… und… und… und wird schon morgen wieder unterwegs sein (vorn aus der Haustür heraus, an der Stallwand entlang, um die Hausecke, bis zur Auffahrt und dort verschwindet er erstmal und kommt dann erneut hinten aus der Stalltür und dann gehts wieder an der Stallmauer entlang) seinem Jakobsweg und sich dabei unüberhörbar bemerkbar machen (WAS TU ICH DENN DAHEIM! WAS TUE ICH ÜBERHAUPT NOCH AUF DER WELT! DER SILVAN, DER HUND! DIESER LUMP, ZUCHTHAUSREIFER! DIESE LUMPEN, ZUCHTHAUSREIFEN! DIESE BAUERNBETRÜGER, VERWERFLICHE! DIESE DUCKMÄUSER, SICH SELBST SCHÄDIGEN-

DE! DIESE ERBSCHLEICHER, STADTBEKANNTE! DIESE SCHWEINESÖHNE, GRUNZENDE! DIESE KUTTENGRUNZER, ALLSEITSBEKANNTE! DIESE SCHULDENMACHER, LUMPIGE! DIESES HAMMELS, BLÖDE! usw.) und nimmt Peter (SCHUSTER, WEISST DU, WAS ICH WERDEN MÖCHT? EIN JÄGERBURSCH! EIN JÄGERBURSCH! WEG SEIN VON DAHEIM UND DORT SEIN, WO MAN SICH NUR INS GRAS LEGEN MUSS UND ES WIRD ALLERHAND GEBOTEN. UND DA SIND NICHT NUR DIE VÖGEL, DIE WALDLAUBSÄNGER, DIE MEISEN, DIE FINKEN, DIE MIT IHREM ZIPP... ZIPP...ZIPP...TITT...TITT...DIR EIN KONZERT ALLERERSTER GÜTE BIETEN. ICH SAGE DIR SCHUSTER, AUCH FÜCHSE, EICHHÖRNCHEN, REHE, WENN DU SIE AUS IHREN VERSTECKEN AUFSPRINGEN LÄSST, SIND NICHT DIE SCHLECHTESTEN NACHBARN. ABER NUR WEG, WEG VON DIESEM SILVAN MIT SEINEM „JEMANDEN PÜNKTLICHKEIT BEIZUBRINGEN, KANN MAN NICHT FRÜH GENUG ANFANGEN. ALSO, MEIN JUNGE, AUCH WENN ES ERST HALB SIEBEN IST UND DIE SCHULE FÄNGT ERST VIEL SPÄTER AN, RAUS AUS DEN FEDERN! ODER MUSS ICH DIR ERST DIE BETTDECKE WEGZIEHEN, DAMIT DU ENDLICH AUF DIE BEINE KOMMST. MEIN JUNGE KONSEQUENZ IST ERLERNBAR. UND DU WILLST DOCH EIN KERL WERDEN. UND DAMIT ES DIR AN DEN SONNTAGNACHMITTAGEN NICHT ZU LANGWEILIG WIRD, WIRD GEÜBT. WAS MEINST DU WOHL, WARUM ICH DIR DIESE ARMBRUST BESORGT HABE! ALSO RECHTER FUSS VOR UND WIE BEI EINEM KARABINERKOLBEN AN DIE BACKE! UND HINLEGEN! UND JETZT FEUER FREI!

FEUER FREI! SCHUSTER, WIE MIR ES GEHT, UND WAS ICH EINMAL WERDEN MÖCHTE, DANACH FRAGT KEINER. DER LUDWIG SAGT IMMER, FIX WIE ICH BIN, MÜSSTE ICH EIGENTLICH STUDIEREN. ABER WAS MEINST DU, WAS MAN BEI UNS DAHEIM VOM BÜCHERLESEN HÄLT) sich die Zeit für einen ABSCHIEDSBESUCH („Also fort gehst du jetzt. Wohin denn? Aber Russl, mich kommst du doch bei Gelegenheit wieder einmal besuchen!") und so kommt es nun doch dazu, daß die beiden (auch für Ludwig hatte er ja auch die passenden Worte parat) „Ich bin bloß neugierig, wenn dir das Geld in den Kopf steigt! Grad freuen tät's mir, wenn du rechte Dummheiten machen tät's und nachher auf einmal nicht mehr wüßtest, wo ein und wo aus! Jetzt hätt' ich Zeit zum Zuschauen!", (wieviel Wochen ist es da eigentlich her, daß sie auf einer ihren ersten Spritztouren mit dem neuen BMW sehen können (er, der Ludwig, sieht das im linken Außenspiegel und sie, die Emma, auf dem Beifahrersitz, wenn sie sich umdreht und nach hinten kuckt) sehen können, daß da welche hinter ihnen sind, ein kleines Rudel Harley Davidson, Ducati 916, Suzukis, Kawasaki in Kampfuniformen, verlangsamt er das Tempo, werden auch sie langsamer, zieht er das Tempo wieder an, werden auch sie schneller, bleiben hinter ihnen immer in demselben Abstand… „Ludwig!", ruft da die Emma, „fahr schneller… der eine von ihnen ist doch dieser Xaver, der erst neulich in der Postwirtschaft herumgeschrien hat, „den Roten, den zahlen wir es noch heim, unsere Hauswände vollschmieren mit ihren Parolen… was wollen sie denn von uns, und jetzt setzen die auch noch an, uns zu überholen… fahr doch schneller… wo bleibt denn die Autobahnauffahrt, daß wir die endlich abschütteln können) und was wurde eigentlich in Amdorf auf dem Marktplatz gerufen, als (sehen konnte das jeder, man mußte nicht einmal hinter einem der Fenster am Markplatz stehen) am letzten Dienstag dieser Mann mit dem dicken Pelzkragen von anderen (und nicht alle trugen an ihrem linken Arm diese rote Kampfbinde) zwischen den Autos, die an diesem Vormittag den Markplatz von Amdorf vollgeparkt hatten, hin und her geschubst wurde (und keiner der Polizisten, die etwas abseits standen und denen das natürlich nicht entgehen konnte, sah da einen Anlaß einzugreifen) „Saujude! Drecksjude! Juda verrecke! Mosesschwein!" bzw..., und da wurde der Mann auf die Kühlerhaube eines LKW gestoßen...) sich das sagen, was längst hätte gesagt werden müssen („Schuster, bist du glücklich. Schuster, die Welt, die kümmert wohl überhaupt nicht?" – „Die Welt, Russl, die Welt, die geht ganz schön auch ohne uns weiter. Ich sag mir bloß jedesmal, wenn man gemütlich weiterarbeitet und sich nicht drausbringen läßt, ist's doch am besten. Russl, glaub' ja nicht, daß es draußen anders ist!" ODESSA! ODESSA!...und dann...und dann...und dann...(dann läuten drüben in Glaching die Glocken zum zweiten Mal zum Hochamt) und dann... und dann (dann kommen sie (sie sind nun zu zwanzig zu dreißig) die Straße von Glaching und biegen jetzt ein auf die schneeigen Wiesen)...und dann...und dann...(dann gehen sie geradezu auf das Schusterhaus (er sieht das durch sein Küchenfenster) und sie, die unterwegs sind zur Kirche, bleiben stehen und fragen sich etwas verwundert „Tja, was ist denn jetzt das?"...und dann...und dann (dann umstellen sie das Schusterhaus und Silvan, der mit dem Xaver sie am Schusterhaus erwartet hatte, kommandiert „So, und jetzt raus mit der Judensau!" und die Kirchgänger fragen sich noch verwunderter: „Ja? Ja? Was wollen sie denn jetzt da? Was wollen sie denn vom alten Kraus?" und dann...und dann...(dann sind schon längst welche drinnen im Haus des Schusters und man hört drin...Poltern, Gebrüll, ein Hund (Fuchsl) kläfft los, verstummt aber sofort, waren da eben Schüsse zu hören)) und dann … und dann (dann erscheint der Schuster in der Haustür, die man vor kurzem eingetreten hatte und er ist (in Hemdsärmeln, die Hose (hängt ihm herunter) und Blut (fließt aus seinem Haar, rinnt übers Gesicht) und (über die haarige entblößte Brust) und vor seiner Haustür haben die SA-Leute eine Gasse gebildet und dann … und dann … (wird der Schuster durch die Gasse weiter nach vorn gestoßen) und es ist Silvan, der ihn am Ende der Gasse erwartet: („Na, du Judensau, du alte. Haben wir dich zu früh geweckt, was? Du hast dich ja noch nicht einmal gewaschen, du Dreckfink, du stinkst ja! Dein Geld hast nicht rausrücken wollen, du mistige Moseslaus!" und dann … und dann … (dann ist er inmitten von Männern (die einen Pulk gebildet haben, und an seinen Oberarmen, seinen Schultern diese Hände, die ihn nun bestimmt nicht mehr loslassen auch jetzt da man sich in Bewegung setzt) … und dann … und dann … (dann geht man hinter dem Haus über die verschneite Wiese) und dann … und dann (dann treffen ihn erneut Schläge, Stöße … („Ja, ja um Gottes willen, das geht doch nicht! Der alte Mann, wo bringen sie den denn hin?" hört man jetzt, da sie die Straße nach Glaching überqueren) nun schon etwas entfernt die Kirchgänger rufen) und dann … dann … (dann geht es über schneeige Wiesen bergaufwärts (hin zum Feldweg nach Furtwang) … (aber was ist das. … was wird da geschrien … ist das etwa der Kreitler, der den man da schreien hört … „Brennen tut's … Silvan, brennen tut's!" … und aus wessen Tennen zündeln jetzt Flammen und greifen schnell um sich … etwa beim Heingeiger … und ist da etwa der Fuchs vom Heingeiger, der da jetzt aus diesem brennenden Haus ins Freie prescht … und kommt jetzt dieses Gebrüll von Vieh … etwa aus Heingeigers Stall … und sind das etwa Tauben, die wie irre um Heingeigers brennendes Haus flattern und dann … dann (sein Magen, sein Magen) bekommt er vor lauter Aufstoßen kaum noch Luft, keucht (wie ein … wie ein …) … und dann … dann, dann trifft ihn erneut ein Schlag in den Rücken … (wenn er jetzt den Fuß heben würde, wäre das sein nächster Schritt) … aber ist das Schnee, auf dem er jetzt liegt, und was er mit seiner rechten Hand zu fassen kriegt … und dann … dann … (hört er nur noch diese Stimme, die immer lauter wird, nun noch lauter, die nicht daran denkt, ihn in Ruhe zu lassen, bis auch er … (in dieser Sekunde, die nicht aufhört, die ewig dauert) die Arme öffnet und … (mitschreit) ERHABEN UND GEHEILIGT WERDE SEIN GROSSER NAME AUF DER WELT, DIE NACH SEINEM WILLEN VON IHM …

BARBARA HONIGMANN

UNSER CAFÉ DE FLORE UNTER DEN LINDEN

Das war das Espresso, das es heute nicht mehr gibt, da saß die Clique, es ist lange her, wir waren Studenten, Trolle der Philosophie und ich der Theaterwissenschaft, die beiden Institute befanden sich im selben Gebäude in der Universitätsstraße 3b, aus einem unerklärlichen Grund hat sich die Adresse nicht aus meiner Erinnerung gelöscht. Die kleine Truppe der Theaterwissenschaftler studierte unter dem Dach, die viel größere der Philosophen im zweiten Stock. Bei ihnen fanden auch die Ästhetikvorlesungen von Wolfgang Heise statt, in die die ganze Berliner Kulturszene strömte, Autoren, Maler, hauptsächlich jedoch Theaterleute, es kamen jede Woche mehr, und wohl auch wegen ihrer Beliebtheit wurde die Vorlesungsreihe bald verboten.

Sonst saßen die Studenten, jedenfalls alle diejenigen, die die „Maximus Lenimus"-Vorlesungen und -Seminare schwänzten, eben im Espresso, unserem Café de Flore, und da war auch Trolle dabei, der seine Kulissenschieber-Existenz gegen das Studentenleben getauscht hatte. Er war, gemeinsam mit Einar Schleef aus der sächsisch-thüringischen Provinz gekommen, oder was für eine Provinz es war, wir Berliner kannten, ähnlich wie Pariser, nur Berlin, alles andere war eben Provinz. Dort waren sie aufgebrochen wie einst Eugène de Rastignac und Lucien de Rubempré, um die Hauptstadt zu erobern, was ihnen beiden dank ihres Talents dann ja auch gelang, auch wenn sie dabei sicher, wie die französischen Romanhelden, einige Illusionen verloren haben. Als Trolle im Espresso auftauchte, schrieb er schon an einigen Theaterstücken, das erste war *Mama und Papa*, danach *Hammel und Bammel* (dessen Titel ich mir viele, viele Jahre später in meinem Briefroman als „Rummel und Bummel" zu verfremden erlaubt habe). Es war eine Zeit, in der wir nur in der „Sfäre der Poesie" (Novalis) und der Welt des Theaters existierten und nicht gerade in den

Sphären des sozialistischen Realismus. Trolles Stücke standen in der Tradition des Volkstheaters, der Harlekinaden, Hanswurstiaden, die des gleichzeitig schreibenden Thomas Braschs eher in der Tradition des frühen Brecht, und beide und noch einige andere angehende Künstler schrieben unter den Augen von Heiner Müller, der an allem Anteil nahm und bei dem die damals junge Garde von Schreibenden und Theaterleuten herumsaß und diskutierte, wenn sie es nicht in der Theaterkantine der Volksbühne taten. Müller, Marquardt, Trolle, Brasch, Schleef, Langhoff, Bernd Böhmel und noch einige andere, da wurde in freundschaftlicher Rivalität diskutiert, geschrieben, inszeniert und wurden Pläne geschmiedet. Fritz Mierau hatte auf die frühe sowjetische Avantgarde in Literatur und Theater aufmerksam gemacht, die in Trolles Texten bis heute nachwirkt und mich damals zu meiner Abschlussarbeit an der Humboldt-Uni über „Die Theaterarbeit Wsewolod Meyerholds" anregte und uns darüber hinaus mit Benjamins Kindertheatertheorien bekannt machte. Irgendjemand hatte aus dem Westen das kleine Suhrkamp-Büchlein Walter Benjamin: *Über Kinder, Jugend und Erziehung* mitgebracht, das 1969 erschienen war, es steht heute noch in meinem Bücherregal, und ich betrachte mit Erstaunen meine gewissenhaften Anstreichungen. Einer der angestrichenen Sätze ist: „Wenn Erwachsene für Kinder spielen, kommt Lafferei heraus."[1] Das war wohl die Anregung für unser Kindertheater-Experiment in einer Schule im Prenzlauer Berg, einen Theatertext mit zehn- bis zwölfjährigen Kindern zunächst zu improvisieren, um es dann von den Herren Schriftstellern Trolle und Brasch in ein echtes Theaterstück verwandeln zu lassen. Die Arbeit mit den Kindern war uns Frauen, mir und meiner Freundin, der späteren Malerin und Bühnenbildnerin Eva-Maria Viebeg überlassen. *Das beispielhafte Leben und der Tod des Peter Göring* basierte auf dem brisanten Fall eines DDR-Soldaten, der an der Mauer ums Leben kam, und wurde nur ein einziges Mal aufgeführt, bevor es verboten wurde. Immerhin brachte das Stück es zum Gesprächsthema im Espresso und Umgebung und wurde später im Henschel Verlag sogar als Theatermanuskript gedruckt.

Als unsere Studien an der Universität beendet waren, lebten wir ein Leben, das man ein Leben der Bohème nennen könnte, wir schrieben, lasen, wanderten, hingen in den Theatern bei den Proben und einfach so in der Kantine herum, Müller hielt weiterhin seine Hand über die Clique, und irgendwann saß auch ein Lektor vom Suhrkamp Theater Verlag mit dabei, der brachte Bücher aus dem Westen herüber und Manuskripte aus dem Osten hinüber, und nachdem alle nach der Biermann-Ausbürgerung mehr oder weniger in Depression verfallen waren, lancierte er das gesamtdeutsche, eigentlich Gesamtberliner Projekt eines, sagen wir, Katalogs, der die Ost- und West-Berliner Kunst- und Kulturszene vereinte und in dem er Malerei und Prosa, Szenen und Gedichte, Fotos und Skizzen publizierte. Der Band war Heiner Müller zu seinem 50. Geburtstag gewidmet. Er erschien ohne Vor- oder Nachwort unter dem Titel *Geländewagen 1*, dem allerdings nie ein zweiter Geländewagen folgte, im Verlag Ästhetik und Kommunikation und verdiente sich die Ehre einer größeren Besprechung in der *FAZ*, deren Rezensentin meint, diese Texte und Bilder der „verdeckten Szene Ost-Berlins“, würden in ihrer dunklen Fantasie und schwarzen Imagination sogar den Frühexpressionismus überbieten.

Ja, so war die Stimmung im Espresso und in den Theaterkantinen, aus der wir unsere Kreativität schöpften. Um das viele Dunkel aufzuhellen, fuhr Trolle regelmäßig in seine heimatliche Provinz und zu seiner Mutter zurück, um dort Äpfel und Gemüse zu ernten und von dem Ertrag der Ernte überwintern zu können, und lebte davon auch noch manchmal im folgenden Jahr, schließlich war er freier Schriftsteller. Bis seine Theaterstücke und Hörspiele aufgeführt und gesendet wurden und er dafür Honorare erhielt, brauchte es noch ein paar Jahre. Die engen Freunde, darunter ich, durften ihn ab und zu in sein Dorf und zu seiner Mutter begleiten und konnten dort dem unverständlichen Dialekt, in dem er mit seiner Mutter sprach, lauschen. Es war viel die Rede vom Großvater Otto, der den Dorfladen betrieben und das Kind Lothar an Vaters Stelle aufgezogen hatte. Eine Lampe aus diesem Dorfladen, mindestens hundert Jahre alt, im Art-déco-Stil und heute bestimmt ein Vermögen wert, wurde mir geschenkt, denn der Laden existierte ja nicht mehr und die Lampe lag in einer Ecke herum. Sie hat mit mir den Auszug aus der DDR überstanden und beleuchtet heute noch unser Wohnzimmer in Straßburg. Manchmal bemerken Leute ihre Besonderheit und sagen: Was für ein schönes Stück, wo kommt es denn her?

1 Walter Benjamin, *Über Kinder, Jugend und Erziehung*, Frankfurt a. M. 1969, S. 78.

EDITORISCHE NOTIZ, ANMERKUNGEN

GESCHICHTSUNTERRICHT, geschrieben 2008, veröffentlicht in *Gegner* Heft 23, Juni 2008.

TROJA, geschrieben 2001, Erstveröffentlichung.

JUDITH, geschrieben 2013, UA 2013 Schaubude Berlin, Regie Wera Herzberg. Die Aufführungsrechte liegen bei henschel SCHAUSPIEL Theaterverlag Berlin. Erstveröffentlichung.

BERLIN-LICHTERFELDE OST, geschrieben 2015, nach zeitgenössischen Berichten und Gerichtsprotokollen, zitiert von Heinz Knobloch in *Der arme Epstein. Wie der Tod zu Horst Wessel kam*, Berlin 1996, veröffentlicht in *Abwärts* NR. 13. März 2016. Die Aufführungsrechte liegen bei henschel SCHAUSPIEL Theaterverlag Berlin.

RUSSISCHE LIEDER 41, geschrieben 2017. Erstveröffentlichung.

MÄRKISCHES FRAGMENT 1945, geschrieben 2018, nach *Die Russen sind da. Kriegsalltag und Neubeginn 1945 in Tagebüchern aus Brandenburg*, hrsg. von Peter Böthig und Peter Walter, Berlin 2011. Erstveröffentlichung.

BERICHT F. M.s, geschrieben 2018, nach *Goldene Aue Kurier* 2016/03. Erstveröffentlichung.

BERICHT HEINZ R.s, geschrieben 2015, veröffentlicht in *Abwärts* Nr.8, Mai 2015.

RUSSISCH MAI 45, geschrieben 2018. Erstveröffentlichung.

EINE EPISODE AUS DEM SIEBENJÄHRIGEN KRIEG, geschrieben 2016, nach *Goldene Aue Kurier* 2014/07. Erstveröffentlichung.

HENRY H. (MOGILEW, DEN 12.10.1941), geschrieben 2018, nach *Kriegsbriefe gefallener Studenten* 1939–1945, hrsg. von Walter und Hans W. Bähr, Stuttgart und Tübingen 1952. Erstveröffentlichung.

HEINZ EUGEN E., geschrieben 2017, nach Sönke Neitzel *Abgehörte deutsche Generäle in britischer Kriegsgefangenschaft*, Berlin 2007. Erstveröffentlichung.

BERICHT BERNHARD R., geschrieben 2017, nach Sönke Neitzel *Abgehörte deutsche Generäle in britischer Kriegsgefangenschaft*, Berlin 2007. Erstveröffentlichung.

UNRUHE UM EINEN FRIEDFERTIGEN (NACH O. M. GRAF), geschrieben 2022, UA 4.3.2023 Staatstheater Augsburg, Regie Susanne Lietzow. Die Aufführungsrechte liegen bei henschel SCHAUSPIEL Theaterverlag Berlin. Erstveröffentlichung.